VERHANDLUNGEN

DES

VII. INTERNATIONALEN

ORIENTALISTEN-CONGRESSES

GEHALTEN IN WIEN IM JAHRE 1886.

HOCHASIATISCHE UND MALAYO-POLYNESISCHE SECTION.

WIEN, 1889.

ALFRED HÖLDER

K. K. HOF- UND UNIVERSITÄTS-BUCHHÄNDLER

1, ROTHENTHURMSTRASSE 15.

Verlag von Alfred Hölder, k. k. Hof- und Universitäts-Buchhändler,
Wien, I., Rothenthurmstrasse 15.

Separat-Abdrücke

aus den

Verhandlungen des VII. internationalen Orientalisten-Congresses.

Beauregard, Ollivier, Collier de mérite pour le choix et l'aménagement des herbes fourragères. Preis: M. 1.10.

Bendal, Cecil, On a newly discovered form of indian character. Preis: M. 1.60.

Bhagvânlâl, Indrâjî, Pandit, Ph. D., Hon. M. R. A. S., Two new grants of the Chalukya dynasty. Preis: M. 3.60.

Bhandarkar, R. G., The Râmânujîya and the Bhâgavata or Pâñcharâtra systems. Preis: M. —.60.

Edwards, Amelia B., Hon. Ph. D. LL. D. L. H. D., On the dispersion of antiquities. In connection with certain recent discoveries of ancient cemeteries in Upper Egypt. Preis: M. —.50.

Eisenlohr, Prof. Dr. August, Altägyptische Untersuchungsacten über Beraubung von Königsgräbern. Preis: M. —.60.

Ethé, Hermann, Firdausîs Yûsuf und Zalîkhâ. Preis: M. 1.50.

Friedmann, M., Babylonischer Talmud. Tractat Makkoth. Kritische Edition. Preis: M. 3.30.

Grierson, G. A., The mediaeval vernacular Literature of Hindûstan, with special reference to Tul' Sî Dâs. Preis: M. 4.20.

Grimal de Guiraudon, Th., Notes de linguistique africaine. Les Puls. Preis: M. 1.60.

Grünert, Dr. Max, Die Alliteration im Alt-Arabischen. Preis: M. 2.20.

Guidi, Ignazio, Alcune osservazioni di lessicografia Araba. Preis: M. —.50.

Hommel, Fritz, Die älteste arabische Barlaam-Version. Preis: M. 2.50.

— — Erläuterung zu den von Rev. W. H. Hechler dem Congress vorgelegten Backsteinen aus Telloh in Süd-Babylonien. Preis: M. —.50.

Hoernle, Dr. R., On the Bakhshâli manuscript. With three photozincographs. Preis: M. 3.20.

Verlag von Alfred Hölder, k. k. Hof- und Universitäts-Buchhändler,
Wien, I., Rothenthurmstrasse 15.

VERHANDLUNGEN

DES

VII. INTERNATIONALEN

ORIENTALISTEN-CONGRESSES.

HOCHASIATISCHE UND MALAYO-POLYNESISCHE
SECTION.

Druck von Adolf Holzhausen,
k. k. Hof- und Universitäts-Buchdrucker in Wien.

VERHANDLUNGEN

DES

VII. INTERNATIONALEN

ORIENTALISTEN-CONGRESSES

GEHALTEN IN WIEN IM JAHRE 1886.

HOCHASIATISCHE UND MALAYO-POLYNESISCHE SECTION.

WIEN, 1889.

ALFRED HÖLDER

K. K. HOF- UND UNIVERSITÄTS-BUCHHÄNDLER.

I., ROTHENTHURMSTRASSE 15.

Einige Zeugnisse für die Verwandtschaft der ältesten Bevölkerung Vorderasiens mit den Iberern Spaniens, den Vorfahren der Basken.

Von

Ernst Bonnell.

Heinrich Brugsch hat in seiner ‚Geschichte Aegyptens unter den Pharaonen‘, erste deutsche Ausgabe vom Jahre 1877, auf S. 455 bemerkt, dass in den Namen der Mariette'schen Liste der von Thutmes III. besiegten Nordstädte (Vorderasiens), ‚insoweit sie nicht nachweisbar semitischen Ursprungs sind, zugleich der Schlüssel zur Sprache steckt‘. Als ich beim Durchlesen dieser Liste die zwei Namen Atur und Amak fand, welche mit iberischen Namen der pyrenäischen Halbinsel und Aquitaniens übereinstimmen, kam ich auf die Vermuthung, dass ein Theil der ältesten (nichtsemitischen und nichtarischen) Bevölkerung des Euphratgebietes, der südlichen Kaukasusländer und Kleinasiens in Spanien und ins südliche Gallien eingewandert sei. Mit dieser Vermuthung, an der ich festhalte, verbinde ich die Hypothese, dass die Einwanderung der spanischen Iberer sowohl durch Nordafrika als auch durch Südeuropa und über die Inseln des mittelländischen Meeres stattgefunden hat. Zugleich halte ich für noch unwiderlegt die von Wilhelm von Humboldt geführten Beweise, dass die westlichen Iberer einst die ganze pyrenäische Halbinsel und das südliche Gallien bewohnt haben, und dass sie die Vorfahren der Basken sind.

I.

Dass die älteste Bevölkerung Hispaniens aus Vorderasien herstammt, berichten schon einige der alten Schriftsteller. Ich führe nur folgende an. Sallustius sagt in seinem Werke De bello Jugurthino, c. 18: Die Bewohner des nordwestlichen Afrika glauben, dass nach dem in Hispanien erfolgten Tode des Herkules die Meder, Perser und Armenier, welche zu seinem Heere gehörten, auf Schiffen nach Afrika hinüberfuhren und das an unserem (d. h. am mittelländischen) Meere gelegene Land in Besitz nahmen. Wichtiger ist das von Plinius dem Aelteren in seiner Historia naturalis L. III, 8 überlieferte Zeugniss des M. Varro, es seien nach ganz Hispanien gekommen die Iberer und Perser und Phönicier und Celten und Punier; — denn hier sind die Iberer offenbar als das erste der in Hispanien eingewanderten Völker bezeichnet. Noch wichtiger ist es, dass Strabon die kaukasischen Iberer (an den Flüssen Kyros und Araxes) für ein und dasselbe Volk mit den hispanischen Iberern hält, obgleich er die ersteren von den letzteren her in ihr Land eingewandert sein lässt (L. I, c. 3, § 21). Nachdem dann Flavius Josephus die von Thubal abstammenden Tibarener mit den kaukasischen Iberern identificirt hatte, stellte der heilige Hieronymus dieselben den östlichen oder den hispanischen Iberern gleich, und endlich Isidorus machte Thubal geradezu zum Stammvater der pyrenäischen Basken und der anderen Völkerschaften Spaniens.

II.

Die Zeugnisse der alten Schriftsteller werden dadurch bestätigt und verstärkt, dass nicht wenige alte Eigennamen Vorderasiens mit denen Hispaniens (und auch des südlichen Galliens, Thrakiens u. s. w.) ganz oder theilweise übereinstimmen. Ich führe zuerst Namen aus dem Mariette'schen Verzeichniss an. Da ist n. 308, Amak, identisch mit dem Namen der hispanischen Völkerschaft Amaci oder Ἀμακοί, auf Münzen Aimak, und mit dem ersten Theile des von Gesenius genannten Namens Amacsura, sed. ep. Afric.; dann n. 221 Atur, ein auch in Aegypten vorkommender Name, gleich dem Namen des Flusses Atur (Ἀτουρες, Aturus) in Aquitanien, heute Adour. Die Endung -ur haben noch die Namen (n. 322) Thinnur, (n. 347) Thamaqur, (n. 284) Nepiriuriu (Nipur), wie einige im Register des von Fr. Delitzsch verfassten Werkes ‚Wo lag das Paradies?‘ 1881, angegebene, zu denen man die iberischen (spanischen) Namen Astura, Ilarruris, Oztur u. a. und die italischen Anxur, Tibur, Ligur(es) stellen kann. Da -ur auch in Flussnamen vorkommt, z. B. in Subur (Fluss in Hisp. Tarr. und in Tingitana) und Arur (= Aar), (wie auch Fr. Delitzsch in seinem Register die zwei Nebenflüsse des Euphrat Sâgûr und Ḫâbûr [Χαβώρας bei Strab. XVI, 1, 27] und den durch Ninive fliessenden Nebenfluss des Tigris Ḫûsur [Chôser] anführt), so hat Phillips wohl mit Recht vermuthet, dass ur im Iberischen ‚Wasser‘ bedeutete, wie jetzt im Baskischen. Als mit Ur- anfangende Namen führe ich an: Erstens die von Phillips gesammelten spanischen Namen Urbiaca, Urcesa, Urci (eine gleichnamige Stadt gab es in Nordafrika), Urbona, Urgas, Urium, Urso; dann die von Fr. Delitzsch a. a. O. genannten Namen: Ur St., Uri L., uru-ab, uru-unu St., Urbi V., uru-dugu St., Urdalica St., Urdamanê P., Urtû L., Uruk St., Urakazabarna St., uri-ki-aka-Ištar St., uri-ki-ara-Mêmê St., ura-maga St., Ursalimma St., uru-si-êb-ba St., Urarṭu, Urašṭu L., Uruttu Fl., wobei nicht die von Fr. Delitzsch auf S. 227 gemachten Bemerkungen zu übergehen sind, dass uru vielleicht (auch) ‚Stadt‘ bedeuten mag, und dass die alte Stadt Ur die Hauptstadt der ältesten inschriftlich bekannten babylonischen Könige war. Gleiche Anfänge haben ferner die Namen: (n. 208) Aurma und (n. 293) Aurna mit den iberischen Namen Aurgi und Aurva auf den Kiepert'schen Karten Hispaniens von den Jahren 1864 und 1878; (n. 153) Suka, (n. 204) Sukana und (n. 259) Sukibeki mit den iberischen Namen Succases, Succosa, Succubo bei Phillips, wozu man noch die Namen Succerda, Succaba und Succuba bei Gesenius herbeiziehen kann; (n. 272) Maurmar, (n. 349) Maurika und der chetitische Personnname Maurosar bei Brugsch a. a. O. S. 141 mit dem iberischen Personennamen Maurquan bei Phillips, und mit den nordafrikanischen Namen Μαῦροι, Μαυρούσιοι, Mauretania. Der Endungen wegen darf man auch die chetitischen Namen Thargannas und Rebisuanna (bei Brugsch) und den Namen Mêtênna (bei Delitzsch) mit den iberischen Namen Adcantuannus oder Adcantunnus (bei Cäsar), Atunna und Uprenna (bei Phillips), und mit den Namen Mittunus, Salunus, Mutugenna (bei Schröder) zusammenstellen. Ferner vergleiche ich noch den Flussnamen Ulai (Eulaeos) in Elam mit Ulia in Baetica, Kaldi oder Kaldu (Chaldäer) mit dem hispanischen Stadtnamen Calduba, Salmân mit dem hispanischen Stadtnamen Salmantica, die von Herodot in die Nachbarschaft der Matiener gesetzten Λίγυες mit den Λίγυες (Ligurern) in Gallien, die Rutennu mit den Rutheni ebenfalls in Gallien, Teutamos mit dem Lusitanier Tautamos. — Indem ich nun zu Kleinasien übergehe, citire ich aus Kiepert's ausgezeichnetem Lehrbuche der alten Geographie vom Jahre 1878 die Worte auf S. 73: ,Auf eine den arischen und semitischen Einwanderungen vorausgegangene Bevölkerungsschicht weist die ganz Kleinasien umfassende Verbreitung zahlreicher Namen mit Endungen, welche keiner der bezeichneten Sprachen anzugehören scheinen, namentlich die mit den auf alle Vocale folgenden consonantischen Affixen -nd und -ss gebildeten (-ανδα, -ενδα, -ηνδα, -ινδα, -υνδα, -ονδα, -ωνδα, resp. -δος und -ασσα, -ησσα, -ισσα, -υσσα, -ωσσα, resp. -σσος).' Beispiele solcher, besonders in Karien, Lykien und auch auf Kypros vorkommenden Namen sind: Ἁλικαρνασσός, Μύλασσα, Τερμησσός, Τρίνησσα, Ἄντισσα, Βολισσός, Λίβυσσα, Τνυσσός, Cnossus; Θρύανδα, Κύλλανδος, Ἄσπενδος, Ἴσινδα oder Ἴσινδος, Ἰσίενδα, Βλάυνδος, Κάλυνδα und viele andere, auch der von Brugsch genannte Name Zaranda einer chetitischen Stadt oder Landschaft. Zu diesen Namen kann man einige hispanische stellen, freilich in geringerer Zahl: Ἀρανδίς, Arunda, Ἄσινδον, Carissa, Ceressus, Gerunda, Καρπησσός, Κολένδα, Munda, Νάβρισσα oder Nabrissa, Οἰασσώ, Suessetani, Suissatium, Tartassus, Termessus, Τουριασσώ, Trigundium. Ich unterlasse es, hier noch eine Menge alter Namen anzuführen, einerseits aus Hellas, Makedonien, Thrakien und Illyrien, welche theils mit Namen in Vorderasien, theils mit Namen in Italien, Hispanien und Nordafrika übereinstimmen, andererseits aus Hispanien, welche ebenfalls die Verwandtschaft der dortigen ältesten Bevölkerung mit derjenigen in Italien, im südlichen Gallien und Nordafrika beweisen; und ich führe nur noch einen von Brugsch genannten chetitischen Personennamen Garbitus an, weil dieser sich vollständig aus der heutigen baskischen Sprache erklären lässt; denn im Baskischen heisst *garbi* ‚rein‘ und *garbitu* ‚reinigen‘ oder ‚gereinigt‘. Das halte ich für eine wichtige Entdeckung. Freilich pflegt man zu sagen: ‚eine Schwalbe macht noch nicht den Sommer‘, aber diese eine Schwalbe hat doch in sehr merkwürdiger Weise ihren Flug vom Euphrat her gerade bis zu den Pyrenäen vollbracht, während aus dem geöffneten linguistischen Korbe Vorderasiens schon viele Stimmen so hervorzwitschern, als wären es auch lauter Zugvögel, die nach dem Baskenlande hinziehen.

III.

Ein drittes Hauptzeugniss für die Abstammung der hispanischen Iberer (als Vorfahren der Basken) aus Vorderasien finde ich in den von mir bis jetzt bemerkten Uebereinstimmungen zwischen der sumerisch-accadischen und der baskischen Sprache. In Betreff der ersteren Sprache ist mir zur Hand der von Herrn Paul Haupt verfasste Aufsatz, der in den Verhandlungen des V. Internationalen Orientalisten-Congresses, II. Th., 1. Abth., S. 249—287 (Berlin 1882) abgedruckt ist. Hier spricht sich derselbe Gelehrte wie Herr Donner dafür aus, dass das Sumerisch-Accadische gewiss nicht eine ural-altaïsche Sprache ist. In Betreff der baskischen Sprache stütze ich mich besonders auf die von Herrn W. J. van Eys verfassten Werke Dictionnaire Basque-Français, Paris-Londres, 1873 und Grammaire comparée des dialectes Basques, Paris, 1879. In dem Essai sur la langue Basque par François Ribary, traduit du Hongrois par Julien Vinson. Paris 1877, sagt Herr Vinson auf S. X: ‚La langue basque est une langue agglutinante et incorporante, avec des tendances au polysynthétisme. Elle se place par conséquent dans la seconde grande classe morphologique des linguistes, entre les langues finnoises et celles de l'Amérique'; Herr Fr. Müller hat in seinem Weltsprachenwerk, dem Grundriss der Sprachwissenschaft, Bd. III, Abth. II, Wien, 1885, die baskische Sprache als erste unter den ,Sprachen der mittelländischen Rasse' zusammengeordnet mit den kaukasischen Sprachen. — Als Uebereinstimmungen zwischen den beiden, also von den arischen, semitischen und ural-altaïschen abgesonderten Sprachen hebe ich folgende hervor:

1. Zuerst in Rücksicht auf das, was Herr Paul Haupt auf S. 249—252 von dem Unterschiede der sumerischen und der accadischen Mundart sagt, bemerke ich, dass wie in diesen beiden auch in den baskischen Dialecten die Lautwechsel von e in u, b in g, g in d, l in n vorkommen. Bei Haupt's Notiz auf S. 251, dass das anlautende sumerische m bei der Umwandlung in accadisches g zunächst in v überging, möchte ich darauf hinweisen, dass bei der Aufnahme lateinischer mit v oder b anlautender Wörter diese Buchstaben im Baskischen in m verwandelt sind, z. B. *vagina* ist verwandelt in *magina*, und wahrscheinlich *baculum* in *makilla*.

2. Die accadische und die baskische Sprache sind agglutinirend, und bei jeder ,kommen Suffixe und Präfixe zur Anwendung' (in der baskischen aber überwiegen die Suffixe).

3. Haupt, S. 253: ,Wenn ein Substantivum mit Pronominalsuffix durch ein Attribut näher bestimmt wird, so tritt das Suffix an das Adjectivum.' — Dem entspricht es, dass im Baskischen der Artikel, der eigentlich ein Pronomen demonstrativum ist, dem attributiven (hinter dem Subst. stehenden) Adjectivum angehängt wird.

4. Beiden Sprachen ist es eigenthümlich, dass ein durch ein besonderes Nomen ausgedrücktes Object auch noch durch ein der Verbalform einverleibtes Pronomen (also doppelt) ausgedrückt wird.

5. Die accadische Sprache hat die vier Vocale a, i, u, ê; die baskische fünf Vocale a, e, o, i, u (zu denen später ü im Dialecte von Soule hinzugekommen ist); aber beide Sprachen haben keine Diphthonge, da die zusammentreffenden Vocale jeder für sich ausgesprochen werden.

6. Beide Sprachen haben kein *f*.

7. H. 254: ‚Im Accadischen ist im Anlaute das *r* ausserordentlich selten.‘ Dasselbe ist im Iberischen und Baskischen der Fall. (Wird ein mit *r* anfangendes Wort aus einer fremden in die baskische Sprache aufgenommen, so wird das *r* entweder zurückgesetzt oder unter Vorsetzung eines Vocals verdoppelt oder sogar weggelassen.)

8. Im Accadischen sind die Auslaute *k, t, p* und *s* nicht gestattet, im Baskischen nicht *k, p* und *m* (für dieses wird *n* gesetzt).

9. Wie im Accadischen ‚Consonantenverbindungen unerhört sind‘ (Haupt, S. 254), so sind dieselben im Baskischen entsprechend selten, da in manchen Fällen, wenn sie durch Suffigirung entstehen, auslautende Consonanten ausgestossen werden, nämlich *t* vor *k* und *n* vor *k, r, l, t*.

10. Die Bemerkung Haupt's auf S. 256, dass im Accadischen die Wurzel ursprünglich ‚jedenfalls ein einfacher Lautcomplex war‘, macht Bladé in seinen Études sur l'origine des Basques, Paris 1869, p. 305 von der baskischen Sprache mit den Worten: ‚Le basque porte des traces aussi nombreuses qu'évidentes d'un ancien état monosyllabique.‘ — Wenn Haupt auf derselben Seite sagt: ‚Die Wurzeln des Accadischen bestehen entweder aus einem Vocal, genauer Spiritus lenis und folgendem Vocal, wie *a* ‚Wasser‘ —; oder aus Vocal mit folgendem Consonanten, wie *ag* ‚messen‘ —; oder Consonanten mit folgendem Vocal, wie *ra* ‚überschwemmen‘ —; oder einem Vocal zwischen zwei Consonanten wie *tor* ‚bestimmen‘ —: so können allen diesen Arten entsprechende Wörter aus der baskischen Sprache angeführt werden, welche man also mit grosser Wahrscheinlichkeit für (ursprüngliche?) Wurzeln halten darf (*i* oder *hi* ‚tu‘, *el* ‚venir‘, *be* ‚bas‘, *gar* ‚flamme‘ etc.).

11. Da sich im Accadischen ‚bis zu einem gewissen Grade‘ eine Art Vocalharmonie nachweisen lässt (Haupt, S. 255), so stelle ich dazu in Parallele die Vocalgleichheit in vielen alten iberischen Namen, deren Zahl freilich durch die in Delitzsch' Register zu findenden übertroffen wird, aber auch viele heutige baskische Wörter haben einerlei Vocale (*alaba* ‚fille‘, *ardanazka*

‚entonnoir', *biribil* ‚rond', *buhuru* ‚entêté', *gorroto* ‚rancune', *be-dere* ‚au moins' u. a.) Dass im Baskischen auch nach Gleich-klang der Vocale gestrebt wird, beweist das Verfahren bei der Aufnahme der mit *r* anfangenden Wörter fremder Sprachen; denn es wird bei der Verdoppelung des *r* nicht immer ein *a* vorgesetzt (wie es im Provençalischen geschieht), sondern mit Rücksicht auf den folgenden Vocal bisweilen *e* oder *i*, z. B. das französische *race* ist in *arraza*, aber das lateinische *rex* in *errege* und das französische *risque* oder das italienische *risico* in *hir-riscua* verwandelt.

12. Auf den S. 256—258 spricht Haupt darüber, dass die accadischen Wurzeln zugleich die nominale und die verbale Bedeutung in sich vereinigten, dass aber die Sprache bestrebt war, durch wortbildende Suffixe und Präfixe eine weitere Unter-scheidung zwischen Nomen und Verbum herbeizuführen. Von nominalbildenden Suffixen führt er dann das eine sicher nach-weisbare an, nämlich *gal* (z. B. *ner* ‚herrschen' mit *gal* ver-bunden, *nergal*, bedeutet ‚Herrscher'). Ebenso sagt van Eys, dass im Baskischen Verbalformen durch hinzugefügtes *pen*, dessen Be-deutung er aber nicht weiss, in Substantiva umgewandelt werden (z. B. *erosi, erosten* = acheter, *erospen* = achat). In derselben Sprache kann man aus jedem Nomen durch Hinzufügung von *tu* ein Verbum machen (z. B. *idor* = sec, *idortu* = sécher; *nas* = ensemble, *nastu* = mêler; *itan* = demande, *itandu* = de-mander). Vielleicht passt hierher, was Vinson a. a. O. p. XII vom Baskischen sagt: ‚Les noms et les verbes ne sont pas trai-tés de deux manières distinctes; ils sont également susceptibles de recevoir les suffixes marquant les rapports de temps et d'es-pace, dont beaucoup ont conservé entières et leur signification propre et leur forme sonore antique.' Friedrich Müller a. a. O. S. 18—19 hält es für nothwendig, das Verbalthema aufzufassen ‚als den Local eines Nominal-Stammes mit indifferenter Bedeu-tung (Tragen sowohl activ als auch passiv = getragen werden)'. Darf man einen solchen ‚Stamm mit indifferenter Bedeutung' nicht vergleichen mit einer ‚Wurzel, welche zugleich die nomi-nale und die verbale Bedeutung in sich vereinigt'?

13. Die Reduplication kam im Accadischen viel häufiger und in grösserem Umfange in Anwendung, als im heutigen Baskischen, in welchem sie sich, ausser in mehreren anderen Wörtern, nur noch im sogenannten relativen Superlativ (den van Eys mit ‚très‘ und ‚tout‘ bezeichnet) erhalten hat, z. B. *choil choilla* ‚tout fin seul‘. Aus dem Register bei Fr. Delitzsch führe ich an: die Eigennamen Gûgu, Ḥarbâs, Ḥudḥud, Hihi, Kipkipi, Karkar; von iberischen Münzlegenden: Eodod, Pilpili, Ootoot (bei Phillips).

14. Wie das accadische Nomen trägt auch das baskische keine Bestimmung des Genus und Casus an sich (d. h. das Baskische hat keine Declination, sondern drückt die sogenannten Casus durch Suffixe aus, sowie nach Haupt 268 auch im Accadischen ‚zur Andeutung bestimmter Casusverhältnisse‘ ‚Postpositionen‘ verwandt werden); der Nominativ und der Accusativ haben in beiden Sprachen keinen besonderen lautlichen Ausdruck.

15. In beiden Sprachen steht das Adjectivum hinter dem Substantivum (aber wie Haupt S. 263 sagt, scheint dies im Accadischen ‚erst in verhältnissmässig später Zeit aufgekommen zu sein‘).

16. In beiden Sprachen werden die durch persönliche Fürwörter ausgedrückten Dative dem Zeitworte einverleibt.

17. Wie die accadische Sprache nur zwei Tempora, Präsens und Präteritum unterscheidet, so scheint dies auch die baskische Sprache zu thun.

18. Als übereinstimmende Wörter habe ich in beiden Sprachen nur folgende ausfindig gemacht: 1. Im Accadischen ʿir- (auch *uru?*), im Bask. *iri, uri, hiri* = ville; 2. das Fürwort der zweiten Person, im Accad. *su* als Sing., im Bask. *zu* (ursprünglich Plur.); 3. *ki, kin* = avec; 4. *ra*: nach Haupt S. 262 drückt *ra* als Postposition den Dativ aus, als Verbalwurzel bedeutet es ‚gehen‘, dann ‚Gegend, Richtung‘; van Eys übersetzt *ra* durch ‚vers, pour, de, à‘ und fügt hinzu, dass es ‚la tendance vers‘ und in vielen ‚noms verbaux‘ (z. B. in *begiratu* ‚regarder‘ von *begi* ‚œil‘) ‚une direction vers une chose‘ anzeigt.

IV.

Da Strabon, welcher dafür zuverlässige Gewährsmänner haben konnte, die hispanischen und die kaukasischen Iberer für ein und dasselbe Volk erklärt hat, so verdienen die heutigen Georgier, welche das einst von den (kaukasischen) Iberern bewohnte Land inne haben, eine besondere Aufmerksamkeit. Die Sprache der Georgier ist mit der der Basken verglichen worden von A. Th. d'Abbadie in (den Prolégomènes zu) dem Werke Études grammaticales sur la langue Euskarienne, par A. Th. d'Abbadie et J. Augustin Chaho (Paris, 1836, p. 19—21) in folgender Weise: La langue géorgienne a comme le basque et le finnois un grand nombre de dialectes et quelques autres caractères d'une langue primitive; mais ces affinités avec l'Eskuara sont moins nombreuses que nous ne l'avions cru d'abord. — En effet, la déclinaison géorgienne n'est pas tout à fait simple et unique; les idées abstraites et subordonnées qui, que, ne s'expriment point par des suffixes inhérents au verbe; les trois modes indicatif, impératif et participe, n'ont pas d'analogie avec la conjugaison basque; les accessoires synthétisés du verbe ne suffisent pas à l'expression simultanée de deux régimes; la conjugaison n'est pas comparable à elle-même, et sa composition singulière offre une physionomie erderane et syncopée. Toutefois on y aperçoit encore le souvenir d'une ancienne conjugaison plus régulière. — Parmi les traits communs au géorgien et à l'Eskuara, nous ferons remarquer : L'absence de genres dans les noms et d'accusatifs dans la déclinaison; l'existence des aspirées kh, th et des cas complexes, dont quelques-uns sont aussi formés chez nous par une combinaison avec le génitif; la confusion des noms substantifs et attributifs, les noms verbaux substitués à l'énonciation si vague d'un ou de plusieurs infinitifs; la numération par 10 et par 20; l'identité des mien, tien, possessifs avec les génitifs du moi, du toi; la formation des noms qualificatifs entés sur des noms déclinés; l'usage simultané de préfixes et de suffixes dont le basque offre quelques exemples, comme eztudala (que je n'ai pas), et enfin des dérivatifs géor-

giens qui répondent, quoiqu'en petit nombre, à nos terminatives.
Les formatives personnelles du verbe offrent avec le basque
une obscure analogie, qui se trouve dans la combinaison du
verbe substantif avec le cas modal pour former un futur. Cette
exception est la règle générale en basque : le modal géorgien
correspond à notre cas en *an*. Les particules ou suffixes d'af-
firmation dans cette langue sont beaucoup plus variés que dans
la nôtre. — Il y a encore d'autres rapports sur lesquels nous
voudrions insister. Le nom géorgien précédant le verbe com-
porte une signification adverbiale, laquelle est d'ailleurs souvent
rendue par un nom au cas instrumental. On a déjà vu que
des noms au mode indéfini, tels que *egun* jour, *bikar* lende-
main, ont été violemment relégués parmi les adverbes, et la
terminative adverbiale *ki* se rapproche beaucoup de notre cas
en *kin*, dont l'analogue a été nommé instrumental en géorgien.
L'*a* final est aussi le signe de l'interrogation, mais cette fonction
n'est pas aussi absolue ni aussi généralisée que dans l'Eskuara.
Cette voyelle déterminante est remplacée par l'*i* final, qui suivant M. Brosset, est une sorte d'isaphet d'unité, le générateur
d'un sens concret et déterminé. Nous avons peine à ne pas
voir dans l'un des deux pluriels attribués aux noms géorgiens
une grande analogie avec notre mode indéfini. En effet, on ne
conçoit pas l'existence ni l'usage simultanément facultatif de
deux pluriels dont l'un est certainement quelquefois employé
avec le sens du singulier. — En géorgien, quand un nom en
régit un autre, celui-ci prend le cas du premier surajouté au
génitif qui lui est imposé comme dépendant du premier mot.
C'est ce que M. Brosset appelle double rapport : cette forme
existe en basque, mais seulement quand on veut rendre la
phrase plus certaine, plus positive. Elle a déjà disparu du style
vulgaire des Géorgiens; et c'est peut-être encore ici un exemple
de la tendance des langues à quitter leurs premières habitudes
pour revêtir des formes analytiques. Mais nous soulevons sans
la décider cette question délicate. — (Les degrés de comparaison du nom *bon* sont irréguliers dans la plupart des langues indo-
germaniques. Les formations régulières et irrégulières existent

simultanément dans le géorgien, le basque et dans les diffé-
rentes branches du groupe ouralien ou finnois.)

Diese Analogien in ihrer Gesammtheit bestätigen die aus
Strabon's Angabe zu folgernde Behauptung, dass die Vorfahren
der Basken einst im Süden des Kaukasus gerade im Gebiete
des heutigen Georgiens gewohnt haben (zumal da einige dieser
Analogien auch zwischen dem Accadischen und Baskischen vorkommen). Aber auf noch weitere (frühere) Wohnsitze der kaukasischen Iberer weist dasjenige hin, was Herr Fr. Müller
a. a. O. S. 48 von den kaukasischen Sprachen sagt: ‚Charak-
teristisch ist die Aufnahme des Objects in das Verbum, ähnlich
wie wir es im Baskischen gesehen haben. Dem Zahlensystem
liegt (mit Ausnahme des Kasikumükischen, des Artschi und
des Hürkanischen von den nordkaukasischen und des Suani-
schen von den südkaukasischen Sprachen, in denen das deka-
dische System herrscht) die vigesimale Zählmethode zu Grunde.‘
(Die vigesimale Zählmethode haben also von den südkaukasischen Sprachen das Georgische, Mingrelische und Lazische, von
den nordkaukasischen Sprachen das Abchasische, Awarische,
Kürinische, Udische, Tschetschenzische und Thusch.) Und viel
früher hat derselbe grosse Gelehrte in seinem Aufsatze ‚Bemerkungen über die Sprache der Lycier‘ (abgedruckt in den ‚Bei-
trägen zur vergleichenden Sprachforschung auf dem Gebiete der
arischen, celtischen und slawischen Sprachen‘. Herausgegeben von
A. Kuhn und A. Schleicher. Bd. III, Berlin 1863, S. 220) ge-
sagt: Wahrscheinlich ist das Lycische ein südlicher Ausläufer
des sogenannten kaukasischen Sprachzweiges, ‚als dessen Haupt-
repräsentant das Georgische angesehen wird. Gewiss ist das
Vigesimalsystem auf den Inschriften nicht zufällig und kann
nur auf eine Sprache kaukasischer Abkunft bezogen werden‘.
Später hat dann Hyde Clarke in seinem Aufsatze ‚Ueber die
Amazonen im Alterthum‘ (s. Das Ausland, 1870, S. 1214—1216)
eine Menge geographischer Namen besonders im Süden des
Kaukasus aus dem Georgischen zu erklären versucht, um nach-
zuweisen, dass die georgische Bevölkerung früher ein weiteres
Gebiet inne gehabt habe. Abgesehen hiervon meine ich, dass

man aus dem ganzen Gebiete der kaukasischen Sprache noch
einige neue Uebereinstimmungen mit dem Baskischen ausfindig
machen kann, durch welche die bisher fast nur aus dem Georgischen entdeckten ergänzt werden. Ich führe aber vorerst die
von Herrn Fr. Müller a. a. O. auf den Seiten 16, 174 und 198
gemachten Bemerkungen an, dass das Pronomen reflexivum
‚selbst‘ durch das Wort ‚Haupt‘ ausgedrückt wird, wie im Baskischen (durch *buru*), so in der Sprache der Tschetschenzen
und khistischen Thuschethier (durch *khorth*) und im Georgischen (durch *thawi*). Ueber das Tschetschenzische und Thusch
nun sagt Fr. Müller a. a. O. auf S. 158, 159: ‚Diese Sprachen
zeichnen sich im Gegensatze zu ihren übrigen Verwandten durch
einen gewissen Reichthum an Vocalen aus und namentlich das
Tschetschenzische bietet Vocalverbindungen, die innerhalb der
kaukasischen Sprachen einzig dastehen. — Manche mehrsilbige
Wörter bestehen zum grössten Theile aus Vocalen wie z. B.
huouō ‚durch die Kugel‘, *hueiē* ‚zu der Kugel‘ u. s. w.‘ Damit
kann man vergleichen, dass auch die baskische Sprache Wörter
hat, welche aus zwei oder mehreren Vocalen bestehen, z. B.
ai = bouillie, *ao* = bouche (*aua* = la bouche), *ea* = si, *ei* =
table de cochon, *eo* = tisser, *eu* = tu, *oa* oder *ua* = vas, *hauei*
(nach van Eys aus *hauek* + *i*). Dann auf S. 161: ‚In beiden
Sprachen ist der Laut *r* vom Anlaute ausgeschlossen‘ (wie im
Baskischen und Spanisch-Iberischen). — Hiernach möchte ich
noch eine Vermuthung aussprechen in Betreff des baskischen
Zahlwortes *sortsi* = 8. Da das baskische Zahlwort für 9 *bederatsi*
offenbar 10 (*tsi*, vielleicht ein altes iberisches Wort? oder das
ungarische *tiz*?) — 1 (bask. *bedera*, eigentlich ‚einzig‘?) = 9
bedeutet, so muss *sortsi* 10 (*tsi*) — 2 (*sor*) d. h. = 8 bedeuten;
aber in welcher Sprache bedeutet *sor* 2? Wenn dies ein ur-
sprüngliches iberisches Wort war, so möchte ich es wiederfinden
in dem heutigen lazischen Zahlwort *dzur* = 2. Ferner das baskische Zahlwort *hamaika* = 11 ist eine Zusammensetzung aus
hama(r) 10 + *ika* 1. War dieses *ika* einst ein iberisches Zahlwort? oder ist es aus dem heutigen abchas. *aki* = 1 entstanden?
oder ist das tscheremissische *ik* = 1 das ursprüngliche Wort?

V.

Den obigen Zeugnissen für die nahe Verwandtschaft der hispanischen Iberer und der Basken mit der ältesten Bevölkerung Vorderasiens, welche zusammengenommen doch wohl schon für einen Beweis gehalten werden dürfen, möchte ich noch einige ins Gebiet der Archäologie gehörende Zeugnisse anreihen, um jene ins Gebiet der Geschichte, Geographie und Linguistik gehörenden noch einigermassen zu verstärken. Es sind die folgenden, in aller Kürze angegebenen, zum Theil nur angedeuteten.

Bei den Tibarenern, welche lange Zeit als ein zahlreiches Volk den östlichen Theil Kleinasiens vom südöstlichen Winkel des Schwarzen Meeres bis nach Kilikien hin bewohnten (also vielleicht mit den Chethitern zusammenhingen), bestand nach dem Zeugnisse des Nymphodoros die Sitte, dass die Frauen, wenn sie Kinder geboren hatten, ihre Männer zu Bette brachten und bedienten. Dieselbe Sitte hatten nach Strabon die hispanischen Iberer und nach Diodor die Einwohner der Insel Corsica, welche Seneca für Stammverwandte der Cantabrer (hispan. Iberer) hält. (Bei den heutigen Basken besteht diese Sitte nicht.) Dieselben Tibarener hatten, wie andere pontische Gebirgsvölker und wie die Thraker, Libyer und hispanischen Iberer, die Gewohnheit sich zu tätowiren.

Auf pisidischen, pamphylischen, lykischen Münzen werden das Dreibein (Triquetra) und auch Ringer, Schleuderer und Kämpfer mit Sichelmessern (diese letzten auch auf ägyptischen Reliefs) dargestellt (s. Zeitschrift für Numismatik von Alfred von Sallet, Bd. V, S. 136, Bd. VI. S. 75 ff.). Ebenso gibt es iberische Münzen mit dem Dreibein, und diese weist Boudard einer der balearischen Inseln zu, deren Einwohner ja als Schleuderer berühmt waren; doch Phillips hat dazu bemerkt, dass auch die Münzen der Stadt Illiberis in Bactica das Dreibein haben (s. Sitzungsber. der Wiener Akad. d. Wiss., phil.-hist. Cl., Bd. 67, 1871, S. 788 sq.). Hierzu füge ich die Notiz Herodots (I, c. 173) hinzu, dass die Lykier sich nach der Mutter benannten; dieselbe Sitte sollen die alten Aegypter und die Etrusker gehabt haben; Phillips aber hat durch Zusammenstellung etruskischer Eigennamen mit iberischen die Vermuthung nahe gelegt, dass auch die Etrusker mit den hispanischen Iberern verwandt sein mögen.

Schliesslich weise ich auf die vielen in Frankreich, auf der pyrenäischen Halbinsel und in anderen Theilen Europas sowie in Nordafrika und in Vorderasien vorhandenen Stein-denkmäler hin, welche beweisen, dass einst in der Steinzeit ein grosses Volk gerade in derselben Weise, wie ich es von den Sumeriern-Accadern und Iberern vermuthe, aus Vorder-asien theils in Nordafrika, theils durch Griechenland, Italien und auch durch Mitteleuropa bis in Gallien und Hispanien ein-gewandert ist. Das müsste allerdings noch ausführlicher be-sprochen werden. Indessen begnüge ich mich für jetzt damit, nur noch ein besonderes zur Steinzeit gehöriges Zeugniss zu erwähnen, nämlich die vielen Nephrit-Aexte, welche man in Südwest-Deutschland, in der Schweiz, in Frankreich, in Spanien, in Italien bis nach Kalabrien hinunter, in Griechenland, auf der Insel Kreta, in Kleinasien (und namentlich auch in den Ruinen von Troja), in Mesopotamien, in Sibirien bei Krasnojarsk und sogar in Neu-Seeland gefunden hat. Diesen Nephritstein trifft man in keinem einzigen Gebirge Europas an, sondern nur bei Kaschgar in Turkestan, in den sajanischen Bergen und auch auf Neu-Seeland (s. das russische Werk des verstorbenen Grafen A. S. Uwarow ‚Archäologie Russlands. Die Steinperiode‘, Moskau 1881, I, S. 367 ff.). Dieses grosse Volk also, welches aus Asien von Mesopotamien an nach Westen durch die genannten Länder bis nach Hispanien gezogen ist, sind höchst wahrscheinlich die Sumerier-Accader und (oder?) die Iberer gewesen, denen erst nach der Steinzeit andere Völker ebendahin folgten.

Ueber unsere gegenwärtige Kenntniss der Sprachen Oceaniens.

Von

Robert Needham Cust, LL. D.

Honorary Secretary of the Royal Asiatic Society of Great Britain and Ireland.

In der afrikanischen Abtheilung der im September 1881 zu Berlin abgehaltenen internationalen Orientalisten-Versammlung hatte ich die Ehre, einen Vortrag über ‚Unsere gegenwärtige Kenntniss der Sprachen Afrikas‘ zu halten; und im Laufe des folgenden Jahres gab ich meine beiden Bände über die neueren Sprachen jenes Erdtheiles heraus. Seitdem ist meine Aufmerksamkeit auf Oceanien gelenkt worden, und ich beabsichtige jetzt einen Aufsatz über ‚Unsere gegenwärtige Kenntniss dieser Sprachen‘ zu lesen, dem nächstes Jahr ein Band mit ausführlichen Details, Sprach-Karten und bibliographischen Anhängen folgen soll.

Es ist mein Zweck, die Kenntniss dieses Gegenstandes dadurch zu fördern, dass ich in systematischer Weise dem Publikum den Umfang unseres Wissens und damit auch unserer Unwissenheit vorlege.

Was Afrika anbelangt, so sind in den letzten Jahren ungeheuere Fortschritte gemacht worden. Ich rechne auf ähnliche Fortschritte in Oceanien. — In Berlin erwähnte ich, wie viel die Wissenschaft deutschen Gelehrten zu verdanken hat, sowohl was die Sprachen Ost-Indiens, als auch was die Afrikas anbetrifft. Ohne ihre Hilfe — wo wären wir? Denn Deutschland hat nicht nur die hervorragenden Geister geliefert, welche oft die von unwissenschaftlichen Händen gesammelten Materialien zu ordnen hatten, sondern deutsche Gelehrte sind auch hiehin und dahin gereist und haben zahlreiche Sammlungen auf dem betreffenden Sprachgebiete zusammengestellt. In Bezug auf die Sprachen Oceaniens liegen die Sachen anders. Zwar haben dieselben hervorragenden Geister die angesammelten Materialien arrangirt, wie mein verehrter Freund Dr. Friedrich Müller und der berühmte Gelehrte H. Conon von der Gabelentz und sein Sohn, mein geschätzter Freund Professor Georg von der Gabelentz, welcher mit Meisterhand den von seinem verstorbenen Vater fallengelassenen Faden wieder aufgenommen hat — auch darf ich bei diesem Namen die Arbeit von Adolf Bernhard Meyer nicht unerwähnt lassen: doch bin ich auf diesem Gebiete wenig anderen Anzeichen deutscher Arbeit begegnet, was um so schlimmer für die Arbeit selbst ist, als die Bearbeitung der Grammatik und des Wörterbuches eben gerade so die Eigenthümlichkeit der Deutschen zu sein scheint, wie die Herstellung von Pflügen und der Schiffsbau die des englischen Volkes ist.

Die Arbeit ist grösstentheils von englischen, französischen und nordamerikanischen Gelehrten gethan worden, mit gelegentlichen Streiflichtern von Holländern wie Van Hasselt, H. G. Geisler, und meinem guten Freunde Professor Kern aus Leiden.

Ein einziges spanisches Buch, auf den Philippinen herausgegeben und sich auf eine Sprache auf den Marianen- oder Ladronen-Inseln beziehend, ist mir zugekommen, und ein russischer Gelehrter hat vielversprechende Werke herausgegeben; sonst hat keine andere Nationalität, so weit meine Kenntniss reicht, zu dieser Arbeit beigetragen.

Was versteht man unter Oceanien? — Es ist jenes Conglomerat oder vielmehr jene grosse Milchstrasse von grossen und kleinen Inseln, welche sich im Stillen Ocean über die anerkannten geographischen Grenzen von Asien und Amerika hinaus hinzieht. Die alten Geographen glaubten, es gäbe einen südlichen Continent, welcher sich um den Südpol erstrecke. Die runde Welt hat sich jedoch jetzt all ihrer Geheimnisse begeben, und wir erkennen jetzt das Bestehen eines fünften Welttheils an, welcher die grossen Inseln Neu-Guinea, Australien

und Neu-Seeland einschliesst, sowie eine unzählige Zahl kleinerer
Inseln, die man in Gruppen zusammengefasst hat, und welche
sich wie Guirlanden von der Oster-Insel im äussersten Osten
bis Tasmanien im Westen erstrecken. Für meine Zwecke bleibt
Malaisien in Asien und Madagascar in Afrika; sie liegen ausserhalb meiner Untersuchung. Mögen sie immerhin ethnologische
oder philologische Verwandtschaften mit Theilen von Oceanien
haben oder nicht, und bei aller Achtung vor dem grossen und
epochemachenden Werke W. von Humboldt's nehme ich doch
auf diese Verwandtschaft keine Rücksicht, indem ich sie weder
bestätige noch verneine, noch sie anders zu gestalten versuche.

Ich theile Oceanien in vier grosse Gebiete ein:

I. Polynesien.

II. Melanesien.

III. Mikronesien.

IV. Australien.

Vom äussersten Osten anfangend, behandle ich sie in der
angegebenen Reihenfolge. Dieselbe ist bequemer und erschöpfen-
der, als die umgekehrte; denn wenn wir uns den Grenzen Asiens
nähern, befinden wir uns in einem noch nicht sichergestellten
Gebiete, sowohl im Süden von Neu-Guinea her, als im Osten,
nach den Philippinen hin. Es ist fraglich, ob wir nicht in ein
Gebiet eindringen, welches geographisch ein Theil von Asien ist.

Wir finden in Polynesien, vom Osten anfangend, die Oster-
Insel, die Paumotu-Inseln und die berühmte Gruppe der Gesellschafts-Inseln, von denen ein Theil bisweilen die Georg-Inseln
genannt wird, deren vornehmste Tahiti, ein französisches Besitz-
thum, ist, sowie die Austral-Inseln. Die ganze Bibel ist in diese
Sprache übersetzt, und dieselbe ist auch durch Grammatiken
und Wörterbücher zugänglich gemacht worden.

Im Nord-Osten ist die Gruppe der Marquesas-Inseln. Hier
spricht man eine Sprache derselben Familie, und wir besitzen
hiervon Grammatiken sowie auch Texte. Dem Norden zu,
20 Grad gerade nördlich vom Aequator, kommen wir an die
berühmte Gruppe der Sandwich-Inseln, den Schauplatz der
Ermordung von Capitän Cook, dem grossen Seefahrer. Hier

besitzen wir volle Kenntniss einer besonderen Schwestersprache, die als das Hawaii bekannt und in welche die ganze Bibel übersetzt ist. Im Norden finden wir auch die Gruppen der Union- und der Ellice-Inseln, wo das Fakaafo gesprochen wird. Süd- wärts, in demselben Breitengrade wie die Gesellschafts-Inseln, kommen wir nacheinander zu den Hervey-Inseln, von welchen Raratonga die vornehmste, den Schiffer- oder Samoa-Inseln, und den Freundschafts-Inseln, unter denen Tonga die grösste ist. Diese drei Gruppen besitzen besondere wenn auch verwandte Sprachen; alle drei sind wissenschaftlich bearbeitet, die ganze Bibel ist in alle drei übersetzt worden. Oestlich von Tonga, südlich von Samoa ist eine kleine Insel, welche Capitän Cook Savage-Insel genannt hat, weil es ihm wegen der Wildheit der Eingeborenen unmöglich war zu landen; ihr wirklicher Name ist Niue. Nach vielen fruchtlosen physischen Versuchen wurde endlich moralischer Einfluss auf diese Insulaner ausgeübt. — Sie haben sich schliesslich gleich den Einwohnern der übrigen Inseln unterworfen, und ein grosser Theil der Bibel ist in ihre Sprache übersetzt worden.

Europäer haben sich auf vielen dieser Inseln angesiedelt, und Consuln verschiedener Mächte residiren daselbst; — aber das Werk der Civilisation ist auf den Sandwichs-Inseln ganz von amerikanischen Missionären, auf den Marquesas- und den beiden kleinen Inseln Wallis und Horne ganz von französi- schen, und auf den übrigen ganz von englischen geleitet worden. Der Umschwung während der letzten fünfzig Jahre ist erstaun- lich gewesen.

Weit nach Süd-Westen sind zwei grosse Inseln, welche Neu-Seeland bilden. Vom sprachwissenschaftlichen Standpunkte gehören auch sie zu Polynesien, weil die Maori-Sprache mit den oben erwähnten Sprachen verwandt ist. Sie ist ausführlich bearbeitet, und die ganze Bibel in dieselbe übersetzt worden.

Aus verschiedenen Gründen, seien es Uebervölkerung oder innere Streitigkeiten oder Stürme, welche die Canoes vor sich hertrieben, hat eine fortwährende Auswanderung nach Westen stattgefunden, und polynesische Colonien, durch ihre

Sprache deutlich als solche gekennzeichnet, finden sich auf vielen Inseln Melanesiens. Zuweilen trifft man eine Mischsprache an. Allein unsere Kenntniss des melanesischen Sprachgebietes ist noch nicht hinreichend genug, uns in den Stand zu setzen, dass wir auf einer Sprachkarte die genaue Localität solcher polynesischen Eindringlinge verzeichnen könnten. Ich will nur hier auf das Phänomen aufmerksam machen. Futuna, Aniwa, Uvea und Tikopia sind die bemerkenswerthesten der zahlreichen Beispiele. Es ist eine festgestellte Thatsache, für welche es hinreichende Beweise gibt, dass es für alle Sprachformen auf dieser weiten Strecke vom 190. Grad westlicher Länge von Greenwich bis zum 130. Grad östlicher Länge, und vom 20. Grade nördlicher Breite bis zum 50. Grade südlicher Breite eine einzige Muttersprache gegeben hat, und darüber hinaus liegt noch die Frage nach der Verwandtschaft dieser Muttersprache mit den Sprachen Malaisiens in Asien und Melanesiens, Mikronesiens und Australiens in Oceanien.

Jemand, der eine lange persönliche Bekanntschaft mit dieser Sprachfamilie als einem geschriebenen und mündlichen Verkehrsmittel besitzt, hat die folgenden charakteristischen Merkmale derselben verzeichnet:

I. Das Adjectiv folgt dem Substantiv. Es gibt aber kein grammatisches Geschlecht.

II. Die Zahl wird durch einen Wechsel im Artikel angedeutet.

III. Das besitzende Fürwort kommt vor das Substantiv.

IV. Der Nominativ folgt dem Zeitwort.

V. Das Tempus wird durch eine vorausgehende Partikel angedeutet.

VI. Das Passivum wird durch ein Suffix ausgedrückt.

VII. Verstärkung und Fortdauer der Handlung werden durch ein Präfix und durch Reduplication angedeutet.

VIII. Das Causativum wird durch ein Präfix gebildet.

IX. Gegenseitigkeit der Handlung wird durch Präfix und Suffix ausgedrückt und oft zugleich durch Reduplication des Wortes. Jedes Wort schliesst mit einem Vocal.

Die Sprache wird mit grosser grammatischer Genauigkeit gesprochen. Der Wortvorrath reicht hin zum Ausdruck jedes Gedankens. Denjenigen, die eine Schwestersprache sprechen, ist es nicht möglich, miteinander zu verkehren. Es gibt gewöhnlich auch eine Ceremoniensprache für die Häuptlinge. Bestandtheile von dem Namen eines Häuptlings sind während seines Lebens und oft nach seinem Tode aus der Sprache verbannt. Die Rasse, welche diese Inseln bewohnt, ist durch glänzendes, schlichtes und langes Haar und durch helle Kupferfarbe, sowie durch malayische Gesichtszüge ausgezeichnet.

Westlich von Polynesien befindet sich das melanesische Gebiet. Die Fidschi-Gruppe, eine englische Colonie, liegt an der äussersten Ost-Grenze, und eine Inselkette erstreckt sich in einem Halbkreis bis nach der grossen Insel Neu-Guinea, welche ganz mit eingeschlossen ist, bis wir uns in den Inseln von Malaisien oder dem asiatischen Archipel verwickeln. Auch hier ist das Sprachgebiet ungeheuer ausgedehnt, von dem Wendekreise des Steinbocks bis zu dem Aequator in der Breite, und vom 170. Grade östlicher Länge von Greenwich bis zu dem 130. Grade sich erstreckend, gewisse Theile von Australien nicht mitgerechnet, die innerhalb dieser Grenzen liegen.

Glücklicherweise sind die Inselgruppen gut abgegrenzt und deshalb können wir geographisch mit vollkommener Gewissheit und sprachlich mit relativer Gewissheit vorgehen infolge der Arbeiten mehrerer Missionsgesellschaften und auf Grund des wichtigen Werkes ‚Die Sprachen von Melanesien‘, welches in diesem Jahre von der Oxforder Universitäts-Presse veröffentlicht worden ist.

Ich fange mit der Fidschi-Gruppe an. Die grösseren Inseln haben eine Oberfläche so gross wie Wales. Die Bewohner gehören zu der dunkeln Rasse; da sie aber an die helle Rasse angrenzen, hat ihr Blut eine Mischung erfahren. Die Sprache ist gründlich studirt und die ganze Bibel in dieselbe übersetzt worden.

Nördlich davon befindet sich die Insel Rotuma, unter der Oberherrschaft von Fidschi, mit besonderer Sprache; diese ist

bearbeitet und ein Theil der Bibel in sie übersetzt worden. Sie
ist eine besondere Sprache.

Westlich kommen wir an die Loyalty-Inseln, welche aus
drei grossen Inseln bestehen, die nach und nach unter die
Oberherrschaft der französischen Colonie Neu-Caledonien gekommen sind. Die Inseln heissen Maré, Lifu und Wea (Uvea).
Die Sprachen dieser Inseln sind so verschieden, dass es nothwendig geworden ist, die Bibel in jede derselben zu übersetzen.
In das Lifu ist die ganze Bibel übersetzt worden, und ein grosser
Theil derselben in die beiden anderen. Wenn man einen und
denselben Vers in den drei verschiedenen Uebersetzungen ver-
gleicht, so überzeugt man sich sogleich, dass die Sprachen ganz
von einander verschieden sind, und gerade weil Agenten derselben Missionen alle Inseln bewohnen, kann man nicht an der
Nothwendigkeit dieser Uebersetzungen zweifeln.

Weiter nach Westen gruppiren sich die Inseln Neu-Caledonien und die kleine Fichten-Insel. Besondere Sprachen sind
vorhanden, aber wir haben hier nicht die Bibel-Uebersetzung
als bequemen Führer, da es nicht die Gewohnheit der französischen Katholiken ist, dieses Buch zum Unterricht des Volkes
zu benutzen. Es ist eine grosse Bequemlichkeit für sprachwissenschaftliche Zwecke, dasselbe Buch in alle Sprachen übersetzt
zu finden, es versieht uns zu gleicher Zeit mit einem Text und
einem Mittel, Sprachvergleichungen anzustellen. Wir finden, dass
es in Neu-Caledonien drei verschiedene Sprachen gibt, das Yehen
im Norden, das Duauru an der Südwest-Küste, und eine dritte
Sprache unsicheren Namens, aber bestimmten Ortes, und durch
eine hinreichende und relativ genaue Wörtersammlung belegt,
so dass ich sie hier verzeichnen kann. Eine Wörtersammlung
ist für die Fichten-Insel geliefert worden. Ohne Zweifel werden
wir bald über die Sprachen dieser beiden Inseln genauere
Kenntniss bekommen, denn die französischen Gelehrten haben
ihre Aufmerksamkeit jetzt nach dieser Richtung gelenkt. Wenn
ich mich von hier aus nördlich wende, befinde ich mich jetzt
unter den Neuen Hebriden, die sich über 10 Grad südlicher
Breite erstrecken. Indem ich die beiden Inseln Futuna und Aniwa

übergehe, die ich vom sprachlichen Gesichtspunkte zu Polynesien gerechnet habe, fahre ich weiter von Aneiteum nach Tanna, von Eromanga, dem Schauplatz von mehr als einer Mordthat, nach Fate, oder der Sandwich-Insel, wo die Franzosen sich in der letzten Zeit niedergelassen haben: von Nguna oder der Montague-Insel nach der Drei-Hügel-Insel, die als Mai bekannt ist; von den Schäfer-Inseln nach Api; von Paama nach Ambrym; von Mallicolo nach der Pfingst-Insel; von Espiritu Santo nach Oba oder der Leper-Insel, und weiter nach der Maewo- oder Aurora-Insel, der nördlichsten der Gruppe.

Auf einigen dieser Inseln gibt es mehr als eine Sprache, von denen jede der anderen unverständlich ist; auf einigen finden sich polynesische Colonien. Die Eingeborenen sind ungastliche, verrätherische Wilde und Cannibalen, aber dennoch sind alle Inseln von Europäern besucht und ihre Sprachen erlernt worden. Grammatiken, Wörtersammlungen und Texte werden nach und nach bekannt gemacht.

Ich fahre jetzt weiter und komme zu den Banks-Inseln, und weiter von der Merlav-Insel nach Santa Maria, welche zwei Sprachen besitzt, und dann von der grossen Banks-Insel oder Vanua Lava, mit fünf Dialecten, nach der Zuckerhut-Insel, deren Sprache, das Mota, einst die *Lingua franca* des ganzen Gebietes zu sein bestimmt scheint; und endlich von der Saddle- oder der Motlav-Insel nach Rowa und der Bligh-Insel, die auch unter dem Namen Ureparapara und Norbarbar bekannt ist. Von diesem Punkte aus komme ich durch die kleinen Inseln, die als die Torres-Inseln bekannt sind, hindurch nach der Santa-Cruz-Gruppe, wo ich die Santa-Cruz- oder Deni-Insel finde, und weiter nördlich nach der Gruppe der Schwalben-Inseln, von welchen Nifilole die grösste ist. Auf Vanikoro, in der Santa-Cruz-Gruppe, kam am Ende des vorigen Jahrhunderts der unglückliche La Perouse mit seinen beiden Schiffen um, und ihr Los blieb länger als ein Vierteljahrhundert unbekannt. Auf Nikopu, in der Schwalben-Gruppe, fiel im Jahre 1871 der opferwillige und gelehrte Bischof Patterson, und man fand in einem vom Wasser hin und her getriebenen Boote seine Leiche mit fünf Wunden, dem Zeichen der Rache der Wilden, welche durch die Menschenräuber der benachbarten Colonien in Wuth gebracht worden waren. Nicht ohne vieles Blutvergiessen und den Verlust vieler theueren Menschenleben ist unsere geographische und sprachwissenschaftliche Kenntniss dieses Gebietes erkauft worden.

Ein wenig nach Westen ab komme ich durch die Salomons-Inseln, vorbei an Ulawa und St. Christoval (mit drei Sprachen), Guadalcanar, Florida (auch unter dem Namen Anudha bekannt), Ysabel (mit zwei Sprachen, von denen die eine Bugotu oder Mahaga genannt wird), und an Gao nach dem Archipel von Neu-Georgien. Dieses war das Gebiet, das im Jahre 1568 von Mendana, dem Neffen des spanischen Vicekönigs von Peru, entdeckt wurde, der, von seiner Gemalin Donna Isabella begleitet, im Jahre 1595 einen zweiten Besuch daselbst abstattete, im Laufe dessen er starb. Er dachte, er hätte die Terra Australis, die so lange von den Alten erträumt worden war, entdeckt, und er gab den Inseln die hochklingenden Namen, welche die einzigen Erinnerungen spanischer Besetzung geblieben sind. Die Sprachen aller dieser Stämme sind jetzt erlernt worden, und Knaben werden jährlich nach den Central-Bildungsanstalten der Zuckerhut-Insel und Norfolk-Insel gebracht, um herangebildet und dann als Keime der Civilisation und Gesandte des Friedens zu den Ihrigen zurückgesandt zu werden. Dies ist die friedliche Methode der Eroberung. Es ist zu hoffen, dass keine europäische Ländergier diese gesegnete Arbeit stören werde.

Meine Reise fortsetzend komme ich an den Bismarck-Archipel und die neuen deutschen Besitzungen, und durch den St. Georgs-Canal zwischen den Inseln von Neu-Britannien und Neu-Irland hindurchsteuernd befinde ich mich bei der Herzog von Yorks-Insel. Hier besteht seit vielen Jahren eine bedeutende Missionsstation, auch sind Grammatiken und Wörterbücher geschrieben und ein Evangelium übersetzt und gedruckt worden — ein Gegenstand von grossem Interesse für Sprachforscher! Ich bin auch in der That von deutschen Gelehrten um Exemplare dieser Werke angegangen worden. Diese Sprache ist mit den

Sprachen der Neuen Hebriden und der Salomon-Inseln verwandt, und gleichwohl sozusagen im Angesicht von Papua und
Neu-Guinea.

Ich schliesse Neu-Guinea in Melanesien ein; zu der grossen
Insel, in welche sich England, Deutschland und Holland getheilt
haben, gehören die kleinen Inseln in der Torres-Strasse, die
Murray-Insel und andere, und weiterhin die Aru-Inseln und
die Ke-Inseln, die Inseln Salawati, Mysol, Guebi und Waigiou.
Hier komme ich an das strittige Gebiet an der Grenze von
Malaisien, und Namen werden hier nur pro forma aufgeführt,
damit nichts vergessen werde. Ich fühle, dass ich mich jetzt
in ein Gebiet der Ungewissheit und der Streitfragen wage. Es
ist unmöglich, Neu-Guinea in derselben Ausführlichkeit wie das
übrige Melanesien zu behandeln, welches, aus kleinen Inseln
bestehend, jahraus jahrein den Missionsschiffen und Missions-
agenten, die selbst entweder polynesische oder melanesische
Christen waren, zugänglich gewesen ist. Neu-Guinea dagegen ist
eine ungeheure Insel, die grösste auf der ganzen Welt, und steht
jetzt auf demselben Punkt, den Afrika vor fünfundzwanzig
Jahren, ehe die Erforschungsepoche begann, eingenommen hat.

Meiner Methode getreu kann ich keine Sprache auf meiner
Liste verzeichnen, wenn ich nicht durch eine selbständige geographische Untersuchung die genaue Localität erforscht habe, wo sie
gesprochen wird; wird diese Vorsicht nicht befolgt, so kann eine
und dieselbe Sprache zweimal unter einem anderen Namen mit
einer sozusagen in den Wolken hängenden Localität aufgeführt
werden. Dies ist keine gute sprachwissenschaftliche Geographie.

Ich habe von Berlin erfahren, dass bis jetzt auf der Nord-
seite der Insel, mit Ausnahme des von einem russischen Reisenden zusammengestellten Vocabulars der Astrolabe-Bay, nichts
Sprachliches gesammelt worden ist. Die Holländer haben uns
wenig mehr als eine Sprache, Mafor genannt, gegeben, welche
aber genau studirt und durch eine Grammatik und die Uebersetzung von einem Theil der Bibel repräsentirt ist.

Die Sprachen der angrenzenden Inseln sind uns nur durch
Wörtersammlungen bekannt. Die Sprachen der Inseln Murray

und Saibai sind uns durch die Uebersetzung eines Evangeliums
zugänglich, und die Sprache der Darnley-Insel durch eine
Wörtersammlung. In dem englischen Theile der Insel finde ich
mehr Auskunft. Fünfhundert Meilen der Küste entlang, sagt
uns einer, der da wohnt, werden nicht weniger als fünfundzwanzig besondere Sprachen oder Dialecte gesprochen, was auf
eine grosse Mischung der Stämme schliessen lässt. Das Motu
und die Sprache des Süd-Caps stehen voran; in beiden sind
Uebersetzungen eines Evangeliums gemacht und gedruckt worden, welche die Gelehrten in den Stand setzen, sich ein Urtheil
über den Charakter der Sprachen zu bilden. Ein urtheilsfähiger
Gelehrter in Melanesien sagt uns, dass die Motu-Sprache entschieden melanesisch ist, und dass die Wörtersammlung des
Mafor, welches von einem Stamme in so grosser Entfernung
wie der nordwestliche Zipfel dieser grossen Insel gesprochen
wird und ausserhalb aller und jeder Berührung mit Melanesien
steht, einen grossen Theil in Melanesien gebräuchlicher Wörter
enthält. Wir müssen im Auge behalten, dass, was dieselbe
Mafor-Sprache anbetrifft, ein berühmter deutscher Gelehrter
erklärt hat, dass sie von den melanesischen Sprachen gänzlich
verschieden sei, während zu gleicher Zeit ein ebenso berühmter
holländischer Gelehrter auf der Orientalisten-Versammlung zu
Leiden das Gegentheil behauptete und zum Beweise seiner Behauptung Einzelheiten anführte. In Neu-Guinea gibt es unzweifel-
haft zwei Rassen, eine schwarze und eine braune. Einige wollten
behaupten, dass es einst eine dritte Rasse gegeben habe, von
der noch einige Ueberbleibsel sich fänden. Diese Rassen haben
sich vermischt und zahllose Varietäten gebildet. Beide Rassen begegnen sich ungefähr in der Länge vom Cap Possession auf der
Südküste, aber es ist uns leider absolut nichts von dem In-
neren der Insel bekannt. Die Sprachen der westlichen Theile
der Insel werden von schwarzen Rassen gesprochen, wie dieselben auch heissen mögen. Das Mafor mit seinen sorgfältig her-
gestellten Texten ist ihr Repräsentant. Die Sprachen der braunen
Rassen sind uns durch die herausgegebenen Texte des Motu,
Süd-Cap, der Inseln Murray und Saibai zugänglich.

Hiermit enden wir die Schilderung der melanesischen Sprachen. Die grösste Autorität auf diesem Sprachgebiete, welche dasselbe von der Sprache von Maré im Süden an bis zu dem Mafor im Norden erforscht hat, sagt uns, dass sie nach seiner Meinung gleichartig sind und zu der gemeinsamen Familie von Oceanien einschliesslich Malaisiens gehören. Man gibt zu, dass sie vieles geborgt haben; allein diese geborgten Wörter gehören einer verwandten und nicht einer fremden Sprachfamilie an. Die reine ursprüngliche Essenz dieser Sprachen ist nicht vergiftet durch wirklich fremde Beimischung, die man nicht sogleich auf ihre Quelle zurückführen, und wie einen Flecken auf einem Kleide auswischen könnte.

Die Melanesier werden von einem, der mit ihnen verkehrte, folgendermassen beschrieben: Eine Herkules-Gestalt, schwarze Hautfarbe und wollig-kräuselndes Haar charakterisiren die Eingeborenen. Sie sind ungastlich gegen Fremde, wild und grausam, aber ihr Typus ist durchaus nicht abgeartet. Es wird von allen Seiten zugegeben, dass infolge von Menschenstehlen, europäischen Krankheiten und europäischen geistigen Getränken und den Folgen der Civilisation die Eingeborenen der Inseln südlich von Neu-Guinea einer schnellen Vernichtung entgegengehen.

Diese Sprachen machen einen viel häufigeren Gebrauch von den Consonanten als die malayisch-polynesischen. Sie besitzen einige Consonantenlaute, welche sich in den letzteren nicht finden, und einige derselben können nur schwer in römischer Umschrift wiedergegeben werden. Viele Silben enden mit Consonanten. Es scheint kein Unterschied stattzufinden zwischen dem bestimmten und dem unbestimmten Artikel, ausser vielleicht im Fidschi. Die Substantive werden merkwürdigerweise in zwei Classen eingetheilt, von welchen die eine ein pronominales Affix mit einem Artikel annimmt, während die andere dasselbe nie thut. Der Grund dieses Unterschiedes scheint auf einer näheren oder entfernteren Verbindung zwischen dem Besitzer und dem besessenen Gegenstande zu beruhen. Was mit einer Person in naher Verbindung steht, zum Beispiel seine Gliedmassen, nehmen das pronominale Affix an. Bei einem Dinge, das nur zum

Gebrauch besessen wird, würde dies nicht der Fall sein. Das
Geschlecht wird nur für das männliche und weibliche bezeichnet. Viele Wörter werden ohne Unterschied als Substantive, Adjective oder Zeitwörter ohne Wechsel gebraucht, manch-
mal jedoch wird ein Substantiv durch seine Endung als solches
angedeutet. In den meisten Sprachen wird der Plural der Haupt-
wörter vom Singular nicht unterschieden, doch bedient man sich
zu diesem Zwecke eines Zahlwortes oder Präfixes. Die Casus
werden durch vorgesetzte Partikeln ausgedrückt. Die Adjective folgen ihren Substantiven. Es gibt wenige Adjective im
Motu, ein Substantiv wird meistens durch ein Verbum quali-
ficirt. Die Fürwörter sind zahlreich, und das persönliche Fürwort enthält Singular, Dual, Trial und Plural, und bei den letzten
dreien eine einschliessende und eine ausschliessende Form. Beinahe jedes Wort kann in ein Verb dadurch verwandelt werden,
dass man die Verbal-Partikeln damit gebraucht. Allen Sprachen
ist das Vorsetzen von Partikeln, um Zeit und Modus, bisweilen
auch Zahl und Person zu bezeichnen, gemeinsam. In nichts
tritt ihr veränderlicher Charakter so sehr hervor als in der
Abwechslung dieser Partikeln in den verschiedenen Dialecten,
sowie in der allgemeinen Anwendung derselben. Sie besitzen
ein Causativum, ein Intensivum oder Frequentativum und eine
reciprokale Form. Von den melanesischen kann man nicht auf
den ersten Blick wie von den polynesischen Sprachen behaupten,
dass sie von einer gemeinsamen Muttersprache abstammen; sie
sind im Gegentheil sehr verschieden von einander. Es ist schwer,
von der Zahl der Sondersprachen Rechenschaft zu geben; jedoch
gibt es in Bezug auf gewisse Einzelheiten eine allgemeine Ueber-
einstimmung.

Mikronesien erstreckt sich über eine grosse Fläche vom
130. bis zum 180. Grad östlicher Länge, und vom 20. Grad
nördlicher Breite bis zu dem Aequator, aber es umfasst nur
sehr kleine und unbedeutende Inselgruppen. Bemerkenswerthe
Fortschritte sind in der Erlernung von fünf der Sprachen dieser
Gruppe von amerikanischen Missionären gemacht worden, welche
die Sandwich-Inseln als Basis ihrer Arbeiten erwählt hatten.

Um mich besser verständlich zu machen, fange ich meine Ueber-
sicht von dem Punkte an, wo die Gebiete von Melanesien und
Malaisien zusammentreffen und gehe dann nach Osten weiter.

Die unbedeutende Insel Tobi oder Lord North-Insel ist
die erste, und weiter hinaus komme ich an die Pellew-Inseln.
Oestlich erreiche ich die Ladronen oder Marianen; wir besitzen
für die dort gesprochenen Sprachen Wörtersammlungen von
Reisenden oder schiffbrüchigen Seeleuten. Auf der bedeuten-
deren Gruppe der Carolinen wissen wir von sechs Sprachen,
von denen vier durch Wörtersammlungen vertreten sind, nämlich das Yap, Mackenzie (auch Uluthi genannt), Ualan und Sata-
wal, und zwei durch Uebersetzungen der Bibel und gramma-
tische Werke, nämlich das Ponape und Kusai; wir wissen aber
nichts von ihrem Verhältniss zu einander. Weiterhin kommen wir
zu den Mortlock-Inseln, deren Sprache ebenfalls durch eine Bibelübersetzung vertreten ist, und noch weiter östlich erreichen wir
die Marshall-Inseln, die auch unter dem Namen Radak und
Ralik bekannt sind. Hier finden wir eine Sprache, das Mille,
von welcher es eine Wörtersammlung gibt, und eine zweite
Sprache, das Ebon, in welche die Bibel übersetzt worden ist.
Weiter südlich erreichen wir die Gilbert- oder Kingsmill-Inseln
am Aequator. Eine ihrer Sprachen ist durch eine Bibelübersetzung vertreten, sie ist wahrscheinlich identisch mit der Sprache
der Wörtersammlung des Tarawan, wovon Reisende berichten.
— Hiermit schliesst unsere Kenntniss dieses Gebietes ab.

Man glaubt, dass die Eingeborenen desselben zu einer
sehr gemischten Rasse gehören. Die Einwohner der Gilbert-
Gruppe belaufen sich auf 50.000 und die der Carolinen auf
30.000. Sie gehören zu derselben Rasse wie die Polynesier und
sind sanft und wirthlich gegen Fremde. Bis jetzt sind sie den
Uebeln, welche das Auftreten europäischer Civilisation mit sich
bringt, dem Menschenstehlen für die Arbeitsmärkte und be-
rauschenden Getränken entgangen.

Die Laute in diesen Sprachen sind den malayisch-polynesischen ähnlich. Die Laute *tsch, dsch* und *sch* unterscheiden
sich von den entsprechenden malayisch-polynesischen mehr der

Potenz als der Natur nach. Die consonantischen Silben sind
keineswegs selten. Dann und wann werden auch Doppelcon-
sonanten gebraucht, allein man lässt gern einen leichten Vocal-
ton dazwischen durchhören. Die meisten Wörter haben den
Accent auf der vorletzten Silbe. In einigen Sprachen scheint
es keinen Artikel zu geben. Im Ponape wird ein solcher, wenn
er vorhanden ist, nachgesetzt. In der Sprache der Gilbert-Inseln
wird die malayisch-polynesische Form *te* an Stelle des unbestimmten und bestimmten Artikels gebraucht. Das Geschlecht
wird nur für das männliche und weibliche bezeichnet. Die
Zahl wird am Substantivum entweder aus dem Sinne errathen,
oder durch pronominale Wörter oder Zahlwörter bestimmt. Den
Casus erkennt man aus der Stellung des Substantives im Satze
oder an Präpositionen. In der Ebon-Sprache nehmen Substantive einer gewissen Classe ein pronominales Affix wie in den
melanesischen Sprachen an, und deshalb machen diese den
Eindruck, als seien sie inflectirte Sprachen. Die Substantive,
welche dieses Affix annehmen, bezeichnen nähere Verwandtschaft wie zwischen Vater und Sohn oder von den Gliedmassen
zum Körper. Ich habe noch nicht herausgefunden, ob diese
Merkwürdigkeit in irgend einer anderen mikronesischen Sprache
vorhanden ist. Viele Wörter können ohne Unterschied als Substantive, Adjective oder Zeitwörter ohne Wechsel gebraucht
werden. In einigen Sprachen haben die persönlichen Fürwörter
einen Singular, Dual und Plural. In anderen dagegen haben sie
keine besondere Form für den Dual, indem das Zahlwort z w e i
dafür gebraucht wird. In der Ebon-Sprache sind besondere in-
clusive und exclusive Formen der persönlichen Fürwörter ge-
bräuchlich, die, so weit ich herausfinden kann, in den übrigen
mikronesischen Sprachen nicht vorkommen. Die Zeitwörter haben
gewöhnlich keine Inflexionen, die Beziehungen der Form, des
Modus, der Zeit, der Zahl oder Person auszudrücken, indem
solche Unterschiede durch Partikeln bezeichnet werden. Im
Ebon sind die Tempora klar unterschieden; aber auch hier
wird die einfache Form des Zeitwortes öfters dafür gebraucht.
Diese Sprachen besitzen alle causative, intensive und recipro-

cale Formen des Zeitwortes. Sie besitzen auch verbale Ziel-
Partikeln. Im Ponape werden viele Ceremoniewörter nur Häupt-
lingen gegenüber gebraucht, wie im Samoa. Andere werden nur
von Priestern während der Ausübung ihres Amtes angewandt.
Auch hat man hier die Sitte, Wörter aus der Sprache zu ver-
bannen, die in den Namen der höheren Häuptlinge vorkommen.

Das Gebiet von Australien besitzt Eigenthümlichkeiten,
die von den bis jetzt beschriebenen völlig abweichen. Von
seinen beiden Unterabtheilungen sind die Eingeborenen von
Tasmanien gänzlich verschwunden. Die letzte Vertreterin der
Rasse starb im Jahre 1876 und mit ihr starb alles praktische
Interesse an den Sprachen der Insel; denn kein Text ist uns
übrig geblieben, um uns zu zeigen, was sie waren. Mein Vortrag hat aber auch nur den praktischen Zweck, den Einwohnern
dieser Inseln von Nutzen zu sein.

In der anderen Unterabtheilung, Australien selbst, sind
dieselben Ursachen vorhanden und werden wahrscheinlich dieselben Resultate herbeiführen. Europäische Civilisation will nun
einmal ihren Willen durchsetzen, entweder die Rasse auszurotten
oder die Sprache zu vernichten. In Neu-Guinea war unsere
Kenntniss der Sprachen unvollständig, weil das Innere des
Landes nicht erforscht war; in Australien dagegen ist das ganze
Land erforscht und von europäischen Colonisten besiedelt, aber
die Eingeborenen sind auf die Seite gedrängt worden. Das
Streben der Missionäre dieses Landes ist stets gewesen und ist
es noch, das Englische zum Unterrichtsmaterial zu machen,
und natürlich kann dies nur ein Resultat haben. Eine lange
Liste von nicht weniger als zweiundachtzig verschiedenen Rassen
und Sprachen oder von beiden, wird in den Büchern, welche
von Australien handeln, aufgeführt; gewöhnlich werden sie in
Gebiete eingetheilt, aber die Eingeborenen werden so als nichts
gerechnet, dass der Gedanke, eine Sprachkarte herzustellen,
wahrscheinlich gar nie zum Ausdruck kommt. Einige Grammatiken und Wörtersammlungen sind in einer oberflächlichen
Weise geschrieben worden, und in den gewöhnlichen Büchern
über Philologie genügt eine Analyse derselben zur Darstellung der

australischen Sprachen; allein obwohl man gewöhnlich behauptet, dass alle australischen Sprachen einem Muster folgen und denselben Ursprung haben, so ist dies doch noch lange nicht bewiesen. Gerade als wenn man die Sprachen Afrikas als einer Familie gehörig behandeln wollte, wie man es wahrscheinlich im vorigen Jahrhunderte gethan hat. Die Theorie von einer Verbindung dieser typischen Ursprache Australiens — eine Theorie, die man sich gebildet hatte, ehe jede einzelne dieser Sprachen sorgfältig untersucht worden war — mit den typischen Eigenthümlichkeiten der stark ausgebildeten und genau untersuchten dravidischen Sprachfamilie von Südindien, mag man immerhin als verfrüht übergehen. Nur eine Bibelübersetzung in das Narringerri an der Süd-Küste ist erschienen, und sie wird wahrscheinlich die einzige bleiben. Alle bekannten Sprachen Australiens sind agglutinativer Natur, und ihr phonetisches System ist einfach. Sie bedienen sich der Suffixe, besitzen kein relatives Fürwort und kein grammatisches Geschlecht. Der Accent ruht gewöhnlich auf der vorletzten Silbe. Sie haben einen Dual und regelmässige Conjugationen, und machen ausgiebigen Gebrauch von onomatopöischen Ausdrücken. Die Vollkommenheit der Sprache als solcher steht in starkem Gegensatze zur Rohheit der Rasse, aber das ist keine ungewöhnliche Erscheinung. Es wird uns durch eine massgebende Autorität bemerkt, dass die Sprachen im höchsten Grade flectirbar sind (um dieses Wort in einem allgemeinen und nicht in technischem Sinne zu gebrauchen), dass sie auch sehr complicirt und viele der Sätze so gebaut sind, dass eine Uebersetzung unmöglich wird. Es ist sehr zu bedauern, dass das Studium dieser Sprachen so vernachlässigt worden ist. Es ist kein Zweifel, dass die australischen Eingeborenen, gerade auch wie die Buschmänner von Süd-Afrika, die unterste Stufe in der Menschheit einnehmen.

Es ist eine Eigenthümlichkeit der Rassen in einem niederen Zustand der Civilisation auf jeder Insel, in jedem kleinen Districte oder Thal eine verschiedene Form der Sprache zu haben. Die Bedürfnisse hoher Civilisation dagegen zwingen Millionen zur Annahme einer einzigen grossen Hauptsprache. Vor wenigen

Jahren ist es in Melanesien bemerkt worden, dass eine Insel von nicht mehr wie 22 Einwohnern ihre eigene Sprache hatte. Die Sprache von wahrscheinlich ganz Polynesien und Melanesien, gewiss aber von Australien dürfte im nächsten Jahrhunderte ausschliesslich nur englisch sein. Es gibt nur wenig Lebensfähigkeit in jenen armen Sprachen oder in den Rassen, die jetzt diese Sprachen gebrauchen. Sowohl Sprache als Rasse werden noch einige Jahre einen erbärmlichen Kampf um das Dasein zu kämpfen haben, und zwar nach einem unerbittlichen Gesetze überwältigender Verhältnisse. Der Philanthrop und Ethnolog mag es immerhin bedauern, allein die sich ewig umschwingenden Räder des Gesetzes menschlichen Fortschrittes sind unerbittlich.

Es ist nicht meine Absicht, dieses Mal die Namen der Personen zu nennen, die solche vortreffliche Arbeit gethan und das Material geliefert haben, wodurch gegenwärtiger Vortrag möglich geworden ist. In meiner ausführlicheren Arbeit wird der Name jedes Verfassers gegeben werden. Von welchem Theile der Welt auch einst in der Vorzeit die grosse Welle der Bevölkerung von Inselstrand zu Inselstrand sich bewegte, kann man doch gegenwärtig ohne Schwierigkeit die Wanderungen derselben erklären. Man hat gefunden, dass schwache Canoes Reisen von hinreichender Ausdehnung gemacht haben, um zu den entlegensten Inseln im Stillen Ocean zu gelangen. Canoes, mit Personen beider Geschlechter angefüllt, sind auf der See weit von ihrem Ausgangspunkte und vom Winde umhergetrieben aufgefischt worden. Ein Schiff kann die Strecke von Neu-Guinea bis zur äussersten Ostgrenze Polynesiens fahren, ohne länger als vier bis fünf Tage das Land aus den Augen zu verlieren. Im Verlaufe der Zeit kamen auf denselben Meerespfaden die Erforscher des Geheimnisses dieser abgeschiedenen Rassen und unbekannten Sprachen.

Diejenigen, die mir auf meiner langen Reise von Insel zu Insel, von der Oster-Insel an den Thoren der aufgehenden Sonne und beinahe in Fühlung mit Amerika bis zu den Pellew-Inseln an der Grenze von Asien gefolgt sind, müssen bemerkt haben, wie die christlichen Missionen gleich einer Perlenschnur die ganze Kette entlang zerstreut sind, und wie unsere Kenntniss der Sprachen durch ihre Vermittlung zu Stande gekommen ist. Die Civilisation dieser fernen Gegenden sollte nicht durch die Chassepots der Franzosen, die Krupp'schen Geschütze der Deutschen und die Kriegsschiffe der Engländer zu Stande gebracht werden. Der Handel, die Politik oder die Colonisation würden diesen hilflosen Rassen für die kurze Dauer des ihnen noch übrigen Daseins nichts nützen; vielmehr würden sie ihr Verderben herbeiführen dadurch, dass sie Rum, Schiesspulver und ekelhafte Krankheiten anstatt des Cannibalismus, der Menschenopfer und der Zauberei bringen würden. Aber die guten Absichten Europas und Nord-Amerikas haben der Sache sich bemächtigt und eine Stimme stärker als der Drang des Golddurstes, des Erdhungers und des Annexionsfiebers hat sich hören lassen. Anstatt Gold zu suchen, haben die Philanthropen etwas besseres als das feinste Gold gegeben, anstatt der weltlichen Herrschaft über die Länder dieser Stämme ist eine Heilsherrschaft über ihre Seelen gegründet worden; anstatt diese entlegenen Inseln einem Reiche dieser Welt zu gewinnen, hat man den Bewohnern der äussersten Punkte der Erde den Eintritt zum Himmelreich erschlossen. Eine Lichtstrasse ist auf dem Wasser zurückgeblieben, den Lauf des Missionsschiffes — ein Licht menschlichen Wissens und ein Licht der göttlichen Gnade — zu bezeichnen. Der grosse Geograph, der grosse Philolog, der grosse Ethnolog, die kühnen Erforscher unbekannter Meere, die furchtlosen Eindringlinge in unbekannte Gebiete, der gutherzige Sammler von Thieren, Pflanzen, Steinen und Seemuscheln, haben alle ohne es zu ahnen ihr Theil beigetragen zu dem einen grossen Zwecke menschlichen Daseins: der Kenntniss von Gottes Absichten mit seinen Geschöpfen und der Pflichten dieser Geschöpfe gegen ihren grossen ihnen nicht mehr unbekannten Schöpfer.

Prolegomena zu einer neuen Ausgabe der nestorianischen Inschrift von Singan fu.

Von

Dr. Joh. Heller, S. J.

Da ich an einer neuen Ausgabe der im Jahre 1625 bei Singan fu[1]) entdeckten chinesisch-syrischen Inschrift arbeite, so liegt mir sehr viel daran, alle irgendwie erreichbaren Ergebnisse der orientalischen Wissenschaften, welche zur besseren Erklärung des Gegenstandes dienen können, heranzuziehen und zu verwerthen. Dazu bietet mir der Orientalisten-Congress die denkbar günstigste Gelegenheit. Namentlich ist es mir erwünscht, bei dieser Gelegenheit die Fachgenossen auf meine Ausgabe der Inschrift einigermassen vorbereiten und eine hie und da ausgesprochene irrige Ansicht, wornach eine neue Ausgabe überflüssig wäre, bekämpfen zu können. Ausserdem möchte ich ein paar schwierige Stellen der Inschrift besprechen und meine Erklärungsversuche Ihrem Gutachten vorlegen. Zum besseren Verständnisse muss ich einige kurze Bemerkungen über die Beschaffenheit der Inschrift vorausschicken.

I.

An der Inschrift unterscheiden wir mehrere Theile; vor allem eine chinesische und eine syrische Inschrift. Der Haupttheil, in chinesischer Sprache, steht auf der vorderen grossen Tafelfläche in 32 von rechts nach links sich folgenden Columnen. Den unteren Rand der vorderen Fläche nimmt eine syrische,

---

[1]) Meine Transscription des Chinesischen ist die des Prof. v. d. Gabelentz.

stellenweise mit chinesischen Charakteren untermischte Inschrift
ein, welche aus 25 gleich den chinesischen vertical zu lesenden
Zeilen besteht, während die Reihenfolge der Zeilen, den chinesischen Columnen entgegengesetzt, von der linken zur rechten
läuft. Die erste und die letzte syrische Zeile stehen am Seiten-
rande, jene am linken, diese am rechten, noch neben der chinesischen Hauptinschrift. Dieser Theil der syrischen Inschrift
gibt, ausser dem Datum der Aufstellung des Denkmals und
einer sehr kurzen Angabe des Inhaltes der Hauptinschrift, die
Namen und Würden jener Persönlichkeiten, welche auf irgend
eine Weise an der Verfertigung und Aufstellung der Inschrift
sich betheiligt haben. Ein anderer Theil der syrischen Inschrift
steht auf den beiden schmalen Seitenflächen der Steinplatte
und enthält 70 Namen von Geistlichen und Mönchen, welche
zur Zeit der Errichtung des Monumentes in China stationirt
waren. Zehn Fälle abgerechnet, stehen bei allen syrischen
Namen die chinesischen Namen, welche dieselben Personen
unter den Chinesen angenommen hatten.

Auf den syrischen Theil der Inschrift legen die Chinesen
keinen Werth; vielfach halten sie die syrische Schrift für Mon-
golisch oder Sanskrit; auch die dabeistehenden chinesischen
Zeichen sind ihnen als Transscriptionen fremder Eigennamen
unverständlich und werthlos. Daraus erklärt sich Mehreres.
Schon bei der Auffindung des Steines wurde die Schrift auf den
Seitenflächen nicht so sorgfältig renovirt wie die Hauptinschrift.
Die Tafel wurde dann bei ihrer Aufstellung unter einer Pfeilerkuppel so zwischen die Pfeiler gestellt oder in eine Mauernische
hineingerückt, dass zwar die vordere Inschrift bequem zugänglich blieb, die Seiteninschriften aber ganz unsichtbar wurden.
Von dieser Nichtbeachtung der syrischen Inschrift seitens der
Chinesen kommt es, dass auf den vielen in China cursirenden
und bei Antiquitätenhändlern käuflichen Abdrücken die Inschrift
des unteren Randes meistens, die Seiteninschriften aber immer
fehlen.[1] Endlich erklärt sich aus derselben Ursache ein anderer

---

[1] Dieses Fehlen der Seiteninschriften ist gemeint, so oft in diesem Vor-
trage von unvollständigen Abschriften oder Abdrücken die Rede ist.

auffallender Umstand. Im Jahre 1859 liess nämlich ein vornehmer Chinese Namens Han Thai-hoa eine neue Pfeilerkuppel für das Monument bauen und eine Inschrift in grossen Charakteren darauf eingraviren, worin er sein Verdienst um das Denkmal, sowie seinen und seines Freundes Namen verewigen wollte. Diese neue Inschrift nun steht auf der rechten Seitenfläche, theilweise auf der alten Schrift, und bedeckt diese so, dass deren Lesung sehr erschwert ist. Durch Combination ist es mir gelungen, die so verdeckten syrischen Namen alle vollständig zu eruiren; einige chinesische Zeichen bleiben mir unkenntlich, und nur geübte Sinologen könnten vielleicht aus den noch sichtbaren Strichen die ganzen Zeichen errathen.[1])

II.

Ich gehe nun über zur Bekämpfung der öfter laut gewordenen Ansicht, dass die Inschrift bereits vollständig und gut publicirt sei und dass sich nichts Neues mehr darüber sagen lasse. Diese Ansicht ist durchaus irrig. Ich will zeigen, dass die Inschrift von Singan fu bis jetzt noch nie vollständig veröffentlicht oder übersetzt worden ist, und dass da, wo eine vollständige Wiedergabe versucht wurde, dieses nicht ohne zahlreiche Unrichtigkeiten in Lesung und Erklärung geschehen ist. Es gilt dies allerdings weniger vom chinesischen Texte, obwohl es auch da noch manche unrichtige Erklärung zu verbessern gibt, wie ich theilweise zeigen werde; desto mehr aber gilt es vom syrischen. Ein Theil dieses letzteren musste gewissermassen zum zweiten Male entdeckt werden. Daher sind die sonst trefflichen Arbeiten Wylies und Pauthiers über die Inschrift noch sehr der Ergänzung und Berichtigung bedürftig, und somit noch immer nicht abschliessend.

Es existiren von der syrisch-chinesischen Inschrift nur zwei vollständige Ausgaben, welche sämmtliche Theile sowohl des chinesischen als des syrischen Textes in Originalschrift,

---

[1]) Die meisten dieser grossentheils verdeckten chinesischen Schriftzeichen hat mir nachgehends Herr Tscheng Ki Tong entziffert.

Transscription und Uebersetzung umfassen: Die eine, von P. Atha-
nasius Kircher, S. J., steht in seinem Werke: China monumentis
etc. illustrata, Amstel. 1667 fol., die andere ist von G. Pauthier,
L'inscription syro-chinoise de Si-ngan-fou, monument nestorien etc.
Paris 1858, gr. 8°; das Syrische der letzteren Ausgabe ist jedoch
genau genommen nur eine schlechte Reproduction der Kircher-
schen Ausgabe.

Kircher hatte schon früher in seinem Prodromus Coptus
(Romae 1636) eine lateinische Uebersetzung mitgetheilt und ihr
24 syrische Namen beigefügt, aber theilweise so unrichtig und
entstellt, dass Assemani, obwohl mit Unrecht, behauptet, der Her-
ausgeber habe sie geradezu erdichtet. Kircher verstand nicht viel
Syrisch, und hatte überdies nach seiner Versicherung eine sehr
schlechte, von Nichtkennern der syrischen Schrift verfertigte Co-
pie vor sich.[1] Für die Ausgabe in der China illustrata konnte er
eine viel bessere und vollständigere Abschrift, welche P. Michael
Boym, S. J., im Jahre 1652 nach Rom gebracht hatte,[2] benützen, und darnach die schlimmsten Fehler des Prodromus
Coptus verbessern, während noch manche Unrichtigkeiten stehen
blieben. Einige dieser Unrichtigkeiten berichtigte dann Assemani,[3] der dabei noch eine dritte, von P. Philipp Couplet S. J.
im Jahre 1680 aus China mitgebrachte, aber unvollständige Abschrift vergleichen konnte.[4] Mehrere syrische Wörter aber konnte
auch der Syrer Assemani nicht entziffern, was Kirchers Klage
über Unleserlichkeit mancher Wörter auf den Abschriften bestätigt; Assemani setzte jedoch kurzweg an deren Stelle andere
Wörter, ohne uns zu sagen, dass er auf diese nur gerathen
habe; denn gelesen hat er sie nicht und kann sie nicht gelesen
haben. Mit Kirchers und Assemanis Resultaten musste sich be-
züglich der syrischen Inschrift, namentlich jener, welche auf

---

[1] Früher im Archiv des Professhauses S. J. in Rom, jetzt ohne Zweifel
in der Biblioteca Vittorio Emmanuele befindlich.

[2] Eigenthum des Museum Kircherianum im Collegium Romanum.

[3] B. O. IV, 538—552.

[4] Befindet sich in der Biblioth. Vatic., cf. Ang. Mai, Scriptt. vett. Nov.
coll. V. app. 112.

den beiden schmalen Seitenflächen der Steintafel steht, die Kritik
bis heute behelfen, und sie konnte keine Fortschritte machen infolge des Umstandes, dass die Seiteninschriften durch die Art der
Aufstellung der Tafel unzugänglich geworden waren. Seit der
Zeit, da P. Boyms Abschrift gefertigt wurde, hat niemand mehr
die genannten Inschriften gesehen; auf keinem der Abdrücke,
welche seitdem gemacht und in Umlauf gesetzt worden sind,
sind sie zu sehen.

Angeregt durch eine Abhandlung des Professors Edw. S.
Salisbury in New Haven[1]) richtete die Amerikanisch-Morgen-
ländische Gesellschaft an ihre in China lebenden Mitglieder die
Aufforderung, von Sachkundigen die Tafel besichtigen und be-
schreiben zu lassen und genaue Abdrücke davon einzusenden.
Die Aufforderung, welche zunächst an den nordamerikanischen
Missionär Dr. Elijah Bridgman gelangte, blieb nicht ganz ohne
Erfolg. Auf Bridgmans Zureden übernahm es der ausgezeichnete
Sinolog Alexander Wylie, in einer ausführlichen Abhandlung
eine neue Uebersetzung und Erklärung der Inschrift zu liefern.
Diese fleissige und gründliche Arbeit erschien zuerst in The
North China Herald, Shangae 1855, und, mit blosser Transscription der chinesischen Wörter, im Journal der genannten Gesellschaft;[2]) zugleich brachte der Shangae Almanac for 1855 einen
Auszug, von Dr. K. L. Biernatzky sehr ungenau ins Deutsche
übersetzt.[3]) So ausgezeichnet Wylies Studie über die chinesische Inschrift ist, ebenso ungenügend ist das, was er über
die syrische sagt. Die Umschreibung gibt er nach Kircher,
während er in der Uebersetzung Assemani folgt, so dass Text
und Uebersetzung nicht immer zusammenstimmen. Er konnte
bei seiner Arbeit nur zwei unvollständige Abdrücke benützen,
welche Bridgman von einem Chinesen unter der Hand gekauft
hatte.[4]) Nach Singan fu war keiner der protestantischen Missionäre gekommen, die Tafel hatte keiner von ihnen in Augen-

---

[1]) Journ. Am. Or. Soc., III, 399—419.
[2]) Ebd., V, 275—336.
[3]) GGG. 1855, Stück 161—164 (S. 1601—1631).
[4]) Journ. Am. Or. Soc., V, 260. 278.

schein genommen. Auch Alexander Williamson, welcher im
October 1866 das Monument selbst besichtigte, konnte von
den Seitenflächen nur mit Schwierigkeit etwas sehen. [1]

Die zweite vollständige Ausgabe von Pauthier bezeichnet
gleichfalls keinen Fortschritt in der Forschung, eher einen
Rückschritt, was den syrischen Text betrifft. Pauthier benützte
dabei einen Abdruck der Pariser Nationalbibliothek, welchen
er ein Facsimile nennt, eine Bezeichnung, die derselbe nicht
verdient; er ist nur nach dem ‚Ectypon‘ Kirchers angefertigt,
welcher fälschlich für ein Facsimile gehalten wurde. Das Syrische
ist bei Pauthier sowohl im Text als in der Uebersetzung mit
allen Fehlern und Missverständnissen, die es seit der ersten Ausgabe verunstalteten, reproducirt; nicht einmal Assemanis wirk-
liche Correcturen sind berücksichtigt. Um nur Eines zu erwähnen,
hatte Kircher auf seinem ‚Ectypon verum et genuinum‘ die syrischen Namen ganz von den dazu gehörigen chinesischen ge-
trennt, und die Namen überhaupt in verkehrter Ordnung aufgeführt, und so die irrige Meinung veranlasst, durch die syrischen
Namen seien andere Personen bezeichnet als durch die chinesischen; auf diese Weise brachte man statt der Zahl von 70 Namen
132 Namen von Geistlichen (nämlich 70 syrischen, 62 chinesischen Geistlichen) heraus; und Pauthier hält diesen Irrthum fest.

Merkwürdigerweise verdankt man es den muhammedani-
schen Rebellen und ihren in der Umgebung von Singan fu
angerichteten Verwüstungen, dass jetzt die ganze Inschrift
wieder zugänglich ist. Dieselben zerstörten das Buddhisten-
kloster und den Tempel, wo die nestorianische Tafel auf-
gestellt war. Frh. v. Richthofen fand 1872 die Tafel um-
gestürzt, mitten unter Trümmern, aber unversehrt. [2] Später
wurde sie wieder aufgerichtet und steht jetzt von allen Seiten
frei. So fand sie Graf Béla Széchenyi, als er auf seiner asiatischen Reise im Januar 1879 nach Singan fu kam, um die
Tafel zu sehen. Derselbe kaufte drei Abdrücke; weil aber

---

[1] Alexander Williamson, Journeys in North China etc. London 1870,
I, 380—386; cf. 246. 247.

[2] Richthofen, China, I, 553.

diese unvollständig waren, ruhte er nicht, bis man ihm auch
von den Seiteninschriften, von welchen keine Abdrücke exi-
stirten, solche fertigte. [1]) Einen dieser vollständigen Abdrücke
stellte er mir gütigst zur Verfügung. Ein Blick darauf genügte,
um zu erkennen, dass die bisherigen Publicationen manche
Lücken und viele Unrichtigkeiten enthalten, die erst jetzt ge-
hoben werden können. Würde ich daher zum Titel der von
mir projectirten Ausgabe den Zusatz machen: ‚Erste vollständige und zugleich fehlerfreie Ausgabe‘, so könnte mir nach
dem Gesagten niemand mit Recht den Vorwurf der Markt-
schreierei oder Unbescheidenheit machen.

III.

In der vorletzten Columne der Hauptinschrift glaube ich
einen Irrthum der bisherigen Uebersetzer und Erklärer mit
Sicherheit erkannt und verbessert zu haben. Der dort im chinesischen Texte genannte Ningschu ist nicht der Metropolit von
China oder Ostasien, wie bisher allgemein angenommen wurde,
sondern der im Syrischen genannte Ḥnānischô‘, Patriarch der
Nestorianer. Das geht aus der Vergleichung beider Texte klar
hervor. Was in der genannten Columne im letzten chinesischen
Satze ausgesagt wird, wird in den in derselben Zeile sich unmittelbar anschliessenden syrischen Worten wiederholt, so dass
die einen die Uebersetzung der anderen enthalten, nur dass
das Datum im Chinesischen nach der chinesischen, im Syrischen
nach der seleucidischen Zeitrechnung gegeben ist. Darum ist
auch diese syrische Zeile so weit hinaufgerückt, abweichend
von dem übrigen syrischen Texte. Im chinesischen Texte heisst
es: ‚In des Gross-Thang[-Kaisers] Kientschung 2. Jahre . . .
wurde [dieses Monument] errichtet, zur Zeit, als das geistliche
Oberhaupt Priester Ningschu die orientalische Christengemeinde
(d. h. die Kirche der Ostsyrer) regierte.‘ Die syrischen Worte
besagen: ‚In den Tagen des obersten Vaters Mār Ḥnānischô‘ des

---

[1]) G. R. v. Kreitner, Im fernen Osten, Wien 1881, 464 ff.

Patriarchen [und] Katholikos, im Jahre 1092 der Griechen, er-
richtete Jazedbôzed diese Steintafel.'

Chinesisch.	Syrisch.
In des Gross-Thang[-Kaisers] Kientschung 2. Jahre	Im Jahre 1092 der Griechen
ist [dieses Denkmal] errich-tet worden	hat Jazedbôzed diese Stein-tafel errichtet
zur Zeit, als das geistliche Oberhaupt (Chef der Religion)	in den Tagen des obersten Vaters
Priester Ningschu (Nangscho) die orientalische Christenge-meinde (die Ostsyrer) regierte.	Mār Ḥnānîschô' des Patriarchen [und] Katho-likos.

Wenn der chinesische Name des Patriarchen, Ningschu, in
der alten Aussprache wirklich Nangscho gelautet hätte, wie ich
nach den mir zugänglichen Hilfsmitteln vermuthe, so wäre der
syrische Name des Patriarchen, dem Klange und selbst der Bedeutung nach, so genau als möglich im Chinesischen wiedergegeben. In Bezug auf den Titel ‚Katholikos' und die Bezeichnung der Nestorianer als ‚Orientalen', ist Folgendes zu erinnern.
Bis zum Ende des fünften Jahrhunderts gehörten die Christen-
gemeinden im persischen Reiche zum Patriarchate Antiochia und
bildeten den östlichen Theil desselben, im Gegensatze zu dem
Occident, d. h. dem in Syrien gelegenen westlichen Theil dieses
Patriarchates. Wegen der durch die Kriege zwischen den Per-
sern und Römern so oft behinderten Communication war der
Bischof von Seleucia-Ktesiphon der ‚Katholikos' oder generalis
(procurator) des Patriarchen für den ‚Orient'. Als der nestorianische Bischof von Seleucia sich von Antiochia losgetrennt und
den Patriarchentitel angenommen hatte, behielt er daneben auch
noch den eines Katholikos der Orientalen bei; Orientalen ܡܕܢܚܝܐ,
ܒܢܝ ܡܕܢܚܐ, hiessen fortan ganz gewöhnlich alle Nestorianer,
welche zur Obedienz des Patriarchen von Seleucia-Ktesiphon
gehörten.

Die Aufhellung dieses Punktes, die wohl keiner Einrede
begegnen wird, gibt mir einen Fingerzeig zur Lösung einer anderen Schwierigkeit, und vielleicht auch zum Verständniss eines
ganz räthselhaften Wortes. Die zweite chinesische Zeile und die
letzte syrische stehen gleichfalls in einer und derselben Linie
unter einander, erstere auffallend weit herunter, letztere viel
weiter hinaufgerückt, so dass beide in demselben Verhältnisse
zu einander zu stehen scheinen, wie die Texte der eben erklärten
Columne. Die chinesische Zeile lautet: 大秦寺僧景淨述
‚Verfasst von dem Priester der Tathsin-Kirche Kingtsing‘. Als
Priester der Tathsin-Kirche ist Kingtsing kein Chinese; sein syri-
scher Name muss also auf der Tafel stehen. Was liegt näher als
diesen Namen in der syrischen Zeile zu suchen, die unmittelbar
unter dem eben angeführten chinesischen Texte in derselben Linie
steht, in den Worten: ܐܪܡ ܩܫܝܫܐ ܘܟܘܪܐܦܣܩܘܦܐ
ܘܦܐܦܫܝ ܕܝܢ ܨܝܢܝܐ ‚Adam, Priester und Chorbischof und
Fapschi von China‘. Es ist kaum zweifelhaft, dass Kingtsing der
chinesische Name des Adam ist. Was ist aber ܦܐܦܫܝ *Fapschî*?
Syrisch ist das Wort durchaus nicht; im Persischen ist auch
nichts zu finden, was irgendwie auf die Bedeutung des Wortes
führen könnte. Es ist ohne Zweifel ein chinesisches Compositum,
wodurch eine Würde Adams bezeichnet wird: Fapschi von China.
Bei der ersten Silbe hat mir einmal Prof. G. v. d. Gabelentz
das Wort 法 *fă*, alt *fap* in Erinnerung gebracht. Ungeachtet des
Zweifels, welchen derselbe wegen des langen *ā* seiner Conjectur
beigefügt hat, glaube ich doch, dass er das Richtige hierin ge-
troffen hat. Wenn aus *çâkya* chinesisch *šîkja, šîk* und so das lange
ā chinesisch kurz *ĭ* werden kann, so ist auch das Umgekehrte
denkbar, dass ein kurzer Buchstabe des chinesischen Wortes bei
der Entlehnung gedehnt wird. Die beste Erklärung jedoch liegt
darin, dass die Syrer bei Aufnahme von Fremdwörtern auch
die kurzen Vocale mit den homogenen Consonanten zu schreiben
pflegen, um den Vocallaut genau zu bezeichnen. *Âlaf* bedeutet
in unserem Falle keine Länge, sondern den kurzen Laut *ă*,
wie z. B. die beiden kurzen α und das ο des griechischen Wortes
ὄγματα, syrisch ܐܘܓܡܐܛܐ mit *Âlaf*, resp. *Vau*, das kurze *ĭ* in

φιλόσοφος, Φίλιππος, syrisch ܣܘܦܝܠܝܐ, ܣܘܦܠܝܣܐ mit *Jôd* geschrieben wird.

Der zweite Theil unseres Compositums ist schwerer zu erklären. Da Adam-Kingtsing der Verfasser der Inschrift ist, so dürfte man wohl voraussetzen, dass dies auch in dem dazu gehörigen syrischen Texte angedeutet ist. Darum rathe ich auf 史 *ssï*, was ‚Historiker, Annalist, Archivar‘ bedeutet. 法 史 *fap-ssï* wäre dann der Annalist oder Archivar der Kirche von China, nach Analogie von 國 史 *Kuok-ssï* ‚Reichsannalist‘, 漢 史 *Han-ssï* ‚Geschichtschreiber der Han-Dynastie‘ u. dgl.: ungefähr dasselbe, was in den griechischen Kirchen der χαρτοφύλαξ, im Abendlande der commentariensis, a commentariis war. Prof. v. d. Gabelentz hatte mir brieflich das chinesische Compositum 法士 *fap-ssï* oder 法師 *fap-ssï* ‚Lehrer des Gesetzes oder der Religion‘ zur Vergleichung empfohlen. Allein dieser Titel wäre keine unterscheidende Bezeichnung für den Einen, dem er beigelegt wird; viele von den in der Inschrift genannten Geistlichen werden ‚Religionslehrer‘ in China gewesen sein. Unannehmbar ist auch die Erklärung Kirchers, Assemanis u. A., welche auch Wylie adoptirt hat, dass das fragliche Wort Papaschi zu lesen und als Papst, Oberhaupt, Metropolit von China zu verstehen sei. Denn wäre auch das Wort Papaschi syrisch, was es durchaus nicht ist, und könnte es sonst eine ähnliche Bedeutung haben, so passt diese doch hier nicht. Adam ist ‚Chorbischof und Papaschi‘; die höhere Würde kann doch nicht so an zweiter Stelle genannt werden; und was die Hauptsache ist, der Chorbischof nimmt eine untergeordnete kirchliche Rangstufe ein, steht unter dem Bischofe und Metropoliten. Da nun Adam Chorbischof ist, so kann er unmöglich das Haupt der Kirche Chinas sein.

IV.

Die neue Ausgabe wird auch dazu beitragen, dass die noch herrschenden Zweifel über die Echtheit des Denkmals aufhören. Da die Inschrift bisher nie vollständig und zugleich fehlerfrei vorlag, fehlte es an dem wichtigsten Mittel zu einem sicheren

Urtheile. Zwar gewinnt in neuester Zeit die Ueberzeugung von
der Echtheit immer mehr an Boden; namentlich bei den europäischen und nordamerikanischen Sinologen, welche in China
leben oder dort längere Zeit gelebt haben, wie Bridgman, Wells
Williams, Williamson, Edkins, Bretschneider, Eitel, Phillips, Yule,
u. a., ist die Echtheit schon längst eine völlig ausgemachte Sache,
da dieselben nach einer Bemerkung in The Chinese Repository [1])
,nicht genug leichtgläubig waren, um an die Unechtheit der nestorianischen Tafel zu glauben', während bei uns dieser Glaube an
eine Fälschung nicht blos fortdauerte, sondern unter dem Ein-
flusse wirklich oder vermeintlich competenter Kritiker zu einem
feststehenden Dogma sich ausbilden zu wollen schien. In Sta-
nislas Julien hatte man allerdings eine Autorität ersten Ranges
den oben erwähnten Sinologen entgegen zu stellen, freilich nur so
lange, bis derselbe, was vielleicht weniger bekannt ist, auf Grund
eines ganz unverdächtigen Zeugnisses seine Zweifel aufgab.[2])

    In Deutschland war es ganz vorzüglich K. Fr. Neumann,
welcher durch sein von einer Wolke anscheinend vernichtender
Beweise getragenes und im Tone vollster Siegesgewissheit aus-
gesprochenes Verdammungsurtheil [3]) auf lange Zeit jenen For-
schern imponirte, die nicht in der Lage waren, sich ein selbst-
ständiges Urtheil zu bilden. So ist es erklärlich, wie Rödiger
und Gosche in ihren Literaturberichten für die Deutsche Morgen-
ländische Gesellschaft die decisiven Urtheile aussprechen konnten:
,Neumann hat uns nochmals die Unechtheit der syrisch-chinesischen Inschrift von Singan fu bewiesen'; [4]) und ,für die vor-
urtheilslosen Forscher ist die Unechtheit zweifellos entschieden'.[5])
Wie diese Gelehrten durch die ihnen bereits bekannten Publi-

----

[1]) Diese Zeitschrift kommt von ihrem ersten bis zum letzten Jahr-
gange (1832—1850) häufig auf unsere Inschrift zu sprechen, immer mit ent-
schiedener Anerkennung ihrer Echtheit, z. B. I, 44. 45. 449—451. XIV, 201 bis
229. XIX, 552—554.

    [2]) Revue de l'Orient, Mai 1862, 315; Renan, Hist. générale des langues
sémit., 3e édit. (Par. 1863), p. 288—290; St. Julien, Voyages des pèlerins
bouddhiques III, 535, note.

[3]) Jahrbb. f. wiss. Kritik, I (1830), 591—593; ZDMG., 4 (1850), 33—43.

[4]) ZDMG., 5 (1851), 465; vgl. 10 (1856), 696 f.   [5]) Ebd., 14 (1860), 173.

cationen Wylies und Pauthiers in ihrem Verwerfungsurtheile
sich nicht irre machen liessen, so haben auch die seither laut
gewordenen Stimmen für die Echtheit, obschon ausgehend von
Kennern, wie G. Bickell,[1]) A. von Gutschmid,[2]) Th. Nöldeke,[3])
noch viel zu wenig Beachtung gefunden. Ein Gelehrter der Lon-
doner Times hält noch bis in die allerjüngste Zeit an der alten
Fabel fest;[4]) G. Oppert,[5]) Germann[6]) suspendiren noch immer ihr
Urtheil. Desgleichen ersehe ich aus dem vom verehrten Con-
gressmitgliede Prof. D. Chwolson mir soeben gütigst geschenkten
Hefte über die ‚Syrischen Grabinschriften in Semirjetschie‘, dass
auch er noch an der Authenticität zweifelt.[7])

Diese Zweifel sind erklärlich, und werden aufhören, wenn
einmal die Inschrift vollständig in ihrer wahren Gestalt Allen
zur Einsichtnahme zugänglich ist. Hätte Neumann einen genauen
Abdruck vor sich gehabt, so hätte er bei allem Festhalten an
seinem Verwerfungsurtheile doch nicht gewagt zu behaupten,
dass die Namen auf dem Steine ‚mit den jetzigen syrischen Charakteren, nicht in Estranghelo, welches im achten Jahrhundert
im Gebrauche war‘, geschrieben seien. Allen Zweiflern gegenüber
kann ich mich auf einen Gelehrten berufen, der uns allen als
eine Autorität ersten Ranges gelten muss: auf Prof. Nöldeke.
Als dieser auf einem guten Abklatsch unserer Inschrift die
schönen Estrangelbuchstaben sah, war er auf der Stelle von der
Echtheit überzeugt, denn ‚eine solche syrische Inschrift konnten
sie (die Jesuiten) nicht verfertigen; das konnte im 17. Jahrhundert überhaupt Niemand‘.[8]) Die Ausgabe der Inschrift
nach einem genauen Abdrucke muss dieselbe Wirkung bei Allen
hervorbringen, welche etwas von der Sache verstehen, und ohne
anderes Interesse als das der wahren Wissenschaft an den Gegenstand herantreten.

---

[1]) Conspectus syr. litt. 61.   [2]) ZDMG., 34 (1880), 210.
[3]) Gesch. d. Perser u. Arab. von Tabari 118 und 502.
[4]) 1886 January 29th.
[5]) Der Presbyter Johannes, 142.
[6]) Die Kirche der Thomas-Christen, Gütersloh, 1877, 146.
[7]) Mémoires de l'Acad. Imp. de St Pétersb., VIIᵉ sér., t. 34, N° 4, p. 27.
[8]) Aus einem Briefe N.'s an Ref.

Une page de la littérature impériale de la Chine.

Édits de l'Empereur Shi-tzong-hien (Yong-tcheng).

Par

C. de Harlez.

Le troisième souverain de la dynastie mandchoue, Shi-tzong-Hien, qui régna de 1723 à 1735 sous le nom d'années *Yong-tcheng,* est peut-être celui qui a laissé le plus de traces personnelles dans la littérature chinoise. Bien que Tartare il représentait l'esprit chinois dans ses vues les plus étroites et les plus subjectives, ce qui explique sa conduite à l'égard des Européens et spécialement des missionnaires et des chrétiens. Il s'était donné pour mission de faire revivre le génie chinois en le préservant de toute influence étrangère et de rétablir la vénérable antiquité, qu'il regardait comme le modèle incomparable, destiné à former tous les siècles et que les innovations de son père, l'illustre K'ang-hi, avaient plus ou moins compromise.

Ami et protecteur des arts nationaux et des lettres, il se plaisait à étaler aux yeux de ses sujets les preuves de sa sagesse et de ses talents littéraires, aussi multipliait-il ses édits, ses avertissements et exhortations aux fonctionnaires et au peuple, et il y prodiguait les développements oratoires et les leçons de morale.

On connaît généralement son amplification du „*Saint-Édit*' *cheng yu* de l'empereur K'ang-hi. Plusieurs traductions en ont été données et le texte a été publié plusieurs fois en Europe.[1] Mais ce qui est beaucoup moins connu et qui mériterait de l'être

---

[1] Par Milne en 1817 et 1870; par le savant sinologue italien C. Pucini en 1881.

beaucoup d'avantage, c'est le recueil qu'il fit publier de ses édits, décrets, exhortations, avertissements, etc. adressés aux huit bannières, c'est-à-dire aux huit divisions de l'armée tartare qui forme la base de la force militaire du Céleste Empire. Ce recueil qui contient plus de 430 morceaux de genres différents, renferme bien des détails intéressants pour l'histoire, la connaissance des mœurs et usages de la Chine. Il a été écrit en chinois et en mandchou et porte ainsi le double titre de *Shang yu pa ki* et *Dergi hese jakôn gôsa de wasimbuhangge.*[1]) Il est divisé en 13 parties correspondant aux 13 années du règne de cet empereur.

Nous ne connaissons personne qui s'en soit jamais occupé.[2]) Nous en présentons ici quelques extraits qui pourront donner une idée du contenu et de sa valeur.

L'impérial écrivain y témoigne des sentiments les plus élevés et les plus généreux; il est à regretter qu'il ne fût pas en pratique tel qu'il se montrait en théorie, car plus d'un acte de violence et de cruauté ont taché sa mémoire. On remarquera dans ces extraits la singulière contradiction par laquelle Yong-tcheng ou Shi-tzong-hien réprouve et encourage à la fois l'usage de la prière. Toutefois, au premier cas, le motif est évident.

I

Le 29 du 3ᵉ mois de la Vᵉ année Yong-tcheng

DÉCRET SUPRÊME.

Les docteurs et les licenciés qui ont subi leur examen, voulant reconnaître les faveurs que je leur ai accordées, se proposent, dit-on, cette année la 50ᵉ de ma longévité,[3]) d'élever un

---

[1]) Deux appendices considérables contiennent des rapports des fonctionnaires et les décisions impériales y relatives.

[2]) J'en ai donné la description, l'analyse et quelques extraits dans le Journal Asiatique et dans les Mémoires de la Société des études japonaises, etc.

[3]) En 1727. Yong-tcheng était depuis 5 ans sur le trône. Propr. de mes dix-mille ans. Dix-millénaire est un titre propre aux empereurs chinois.

autel dans le temple de la capitale, d'y lire les livres sacrés et réciter des prières.

C'est-là un projet vain et erroné. Dans mes soins pour le bon gouvernement, dans mon zèle pour une administration vigilante de l'empire, en tout ce que j'ai fait, j'ai toujours mis au-dessus de tout, le devoir de suivre les principes de justice. Car tant qu'on s'y conforme, on est toujours d'accord avec la volonté du ciel. Réfléchir à fond, délibérer en soi est un acte plus rapide que l'écho. Si tout ce que je fais est conforme au droit, si scrutant mon cœur, je n'y trouve rien dont je doive rougir, les esprits seront les premiers à en rendre témoignage. Mais ne demandez pas s'il convient ou non de leur adresser des requêtes par des prières. Quand on agit contrairement à la justice, c'est se donner une apparence mensongère que de demander la fortune et de prier pour obtenir des biens. Si l'on sert fidèlement le ciel, il est superflu de prier.[1])

Pour moi j'ai toujours eu à cœur de m'observer constamment, de me tenir en garde, craintif (de tout mal). Les docteurs, tous ceux qui étudient régulièrement les livres et cherchent à pénétrer les principes doivent imiter dans leurs actes les saints et les sages du passé. Qu'ils n'imitent donc point les actes vains et faux des gens inférieurs de ce siècle.[2])

Pour moi j'ai d'autres pensées. Parmi les lettrés qui retournent chez eux (après avoir passé leur examen[3]), il y en a beaucoup qui sont pauvres, malades et dépourvus de toute provision de voyage. Si on leur donne de l'argent pour subvenir à leurs besoins, ils le dépenseront inutilement et iront à l'encontre de mes intentions. (Je voudrais les secourir) mais en commençant une semblable pratique, il faudra agir prudemment, examiner de près et faire parler les gens pour découvrir leurs dispositions.

---

[1]) Yong-tcheng exagère la doctrine de Kong-fu-tze, qui disait de respecter les esprits tout en les tenant éloignés de soi.

[2]) Bouddhistes et chrétiens qui prient et font des sacrifices.

[3]) Ils avaient dû pour cela venir au chef-lieu de province, ou même à la capitale pour le degré supérieur.

C. de Harlez.

Mais empêchez surtout d'élever un autel et d'y faire des lectures et des prières extraordinaires.

J'entends encore dire qu'à l'occasion de la cinquantième année de ma longévité, les gouverneurs généraux *(Tzong-tu)* et les préfets *(Siun fu)* font chercher et acheter les objets nécessaires à des jeux publics.[1]) Cela ne doit point se faire.

Les employés inférieurs apportent les objets qui leur viennent de leur endroit natal pour manifester leurs sentiments de respect. Pour moi, je rassemblerai avec soin tous les instruments convenables à ces circonstances, je les donnerai et partagerai entre les mandarins, unissant dans une harmonie parfaite le haut et le bas, le prince et les sujets. Si l'on doit se pourvoir des objets nécessaires, qu'on m'en informe, car j'ai peut-être encore des choses nécessaires à ces jeux (et que je ne connais point), je n'ai pas tout vu.[2])

Jadis, il y a quelques lustres,[3]) lorsque j'étais encore prince (Wang), me confiant en les richesses de l'empereur défunt, j'avais acquis une foule d'instruments de jeu. Depuis que je suis assis sur le trône, j'ai été voir tous les instruments, vases, armes, etc. qui depuis longtemps se trouvaient dans le palais dont j'ai hérité;[4]) ce sont tous objets simples et solides; il n'y a réellement rien là d'extraordinaire ni d'inusité, rien que tous ne connaissent. Si on le disait au public on ne croirait pas (que feu l'empereur eût été si modeste et si économe). Ce n'est certainement point à comparer avec ce que j'avais amassé quand j'étais Wang. J'y pense avec honte; quand j'étais héritier présomptif, j'avais, en objets extraordinaires, variés et de grand prix, plus du double de ce que feu l'empereur possédait dans son palais.

Plein de respect pour la haute vertu de l'empereur mon père, vertu si digne de respect, si parfaitement réglée, je dois y penser et la prendre à jamais pour modèle. Et réellement je la suis en mon cœur avec respect et amour.

---

[1]) Mimes, palestres, tirs, etc.

[2]) Ce qui est au palais impérial.

[3]) Quelques dizaines d'années.

[4]) Au palais impérial; objets amassés par les premiers Tai t'sing.

On sait que le second fils de feu l'empereur était un être vil et méprisable, qu'il devait être pour tous un avertissement, un mauvais exemple à fuir. Si moi, bien que connaissant ses vices, je m'étais approprié tout ce qu'il avait acquis d'instruments de jeu, lorsque je me serais retrouvé au milieu de mes fils et descendants si sages et si raisonnables, n'eussé-je point eu à essuyer leurs reproches?

C'est pourquoi après avoir mûrement réfléchi, j'ai trié et marqué tous les objets qui se trouvent au palais, tant ceux dont j'ai hérité, que ceux dont l'acquisition avait été faite lorsque j'étais Wang. Mais devais-je, en faisant briller la vertu de l'empereur défunt, accroître la honte en mon cœur? Non, sans doute. Les objets que j'ai vus dans la salle du palais sont très-nombreux. Si tous les mandarins voulaient épuiser leurs ressources à en acheter, il y en aurait plus que suffisamment. Mais il ne me convient pas de verser inutilement ces richesses sur le marché pour procurer du profit à des gens de sentiments peu élevés.[1] Aussi, préoccupé uniquement de corriger les fonctionnaires, d'établir les gouverneurs généraux et les préfets dans la droiture et la justice, je veux donner cet argent pour procurer aux gradués les provisions de voyage nécessaires, nourriture et ustensiles. Il n'y aura certainement point de superflu pour acheter en outre des instruments de jeu.

Informez-vous auprès des magistrats supérieurs; ils vous renseigneront sur les faits et gestes des fonctionnaires inférieurs, sur leurs intrigues, leurs complots et leurs rivalités. Il n'y a guère lieu d'en attendre qu'ils apprennent à gouverner fidèlement et à régler convenablement la conduite des fonctionnaires.

A mes yeux, c'est la paix régnant dans le peuple, qui peut seule procurer les avantages de la prospérité et faire connaître les gens de bien, en sorte qu'on n'accorde sa confiance qu'au mérite. Si les gouverneurs et préfets recherchent consciencieusement les fonctionnaires travaillant activement pour le bien de l'État et s'efforçant, par leur bonne administration, d'être

---

[1] A ces mandarins qui les achèteraient.

utile au peuple, ce sera de beaucoup supérieur à toutes les merveilles inconnues que l'on aurait pu se procurer ici-bas. Faire connaître un homme vertueux, digne d'être mis en fonction c'est plus que gouverner de nombreuses villes et d'acquérir des objets précieux et extraordinaires.

Jadis lorsque le défunt empereur eut atteint la cinquantième année de sa longévité, je lui présentai une supplique et j'insistai plusieurs fois pour qu'il permît d'amener (les Grands) à la cour pour lui présenter nos respectueuses félicitations. Il s'irrita et ne voulut point le permettre expressément. Si maintenant, à l'occasion de mon anniversaire, j'ordonne ce qui a eu la désapprobation du défunt empereur et qu'il refusa malgré mon insistance, je n'aurai certainement plus de paix en mon cœur.

En outre du temps de feu l'empereur, bien loin d'estimer des actes tels que de dresser des autels pour y lire des prières, de faire des sacrifices et des inscriptions, on les avait en mépris. Cependant, pressé par les sollicitations des mandarins, il céda à leurs instances et fit faire ce qu'ils demandaient. C'est qu'il ne connaissait pas bien les motifs secrets de toutes ces gens.[1]) Moi, qui ai rempli 40 ans des fonctions à titre de prince impérial, je connais par moi-même tous les mobiles qui font agir les mandarins; je n'ai aucune raison pour faire renouveler ce qui a été fait alors.

Fonctionnaires de la capitale et de l'empire, conformez-vous tous à ma pensée, suivez mes ordres avec respect. Agissez avec fidélité et droiture; évitez les dépenses inutiles. Soyez toujours pleins de zèle.

Ainsi décrété.

---

[1]) Kang-hi s'irrita d'abord, puis céda aux instances, croyant que le dévouement des mandarins était sincère; mais Yong-tcheng, longtemps mandarin lui-même, connaît à fond leur zèle intéressé.

II

Le 10 du 7ᵉ mois de la Vᵉ année Yong-tcheng.

DÉCRET SUPRÊME.

Comme je disais dans mon décret du 1 du 7ᵉ mois, la justice qui se manifeste dès l'origine et qui agit sous l'impulsion du ciel et de l'homme est plus prompte que l'écho.

Les inondations, sécheresses et autres calamités ou afflictions qui accablent une terre quelconque, proviennent des actes de l'homme. Soit que le gouvernement de l'empire s'affaiblisse et soit négligé, soit que les gouverneurs généraux, préfets et mandarins inférieurs ne remplissent pas bien leurs fonctions, soit que les charges des fonctionnaires de district ou de ville n'aient pas été occupées, soit que quelque part en une cité, en un canton, les gens aient le cœur faux et astucieux et que la doctrine soit pervertie, tout cela arrête la faveur du ciel et attire les désastres et les malheurs. C'est pourquoi, constamment préoccupé d'instruire et d'avertir (les peuples), je n'ai cessé de publier des édits pour rappeler (ces vérités).

Me levant tôt, mangeant tard[1]) je me suis toujours exercé à la vigilance; j'ai toujours été pénétré de la crainte (du mal).

Mais le monde est vaste, le peuple très nombreux. La charge de surveiller les magistrats n'appartient qu'aux gouverneurs généraux et aux préfets; le soin de veiller aux intérêts du peuple n'incombe qu'aux chefs de Fou[2]) et de Hien.[3]) Si les magistrats des Hien, chacun en son endroit, veillent avec zèle sur les intérêts du peuple comme sur ceux de leurs enfants, s'ils se font une loi de partager leurs plaisirs et leurs peines, de leur tracer la voie et de les rendre meilleurs, s'ils savent considérer leurs maladies et leurs souffrances comme les leurs propres, le peuple respirant à l'aise, sera dans les dispositions les plus favorables et tout sentiment de malveillance, d'opposition disparaîtra.

---

[1]) Phrase stéréotypée que Yong-tcheng répète à chaque instant.
[2]) Chefs-lieux de départements.
[3]) Chefs-lieux de canton ou villes de 3ᵉ ordre.

Si alors, il survient inopinément une pluie abondante, si
l'on prie sincèrement et avec instance pour le salut du peuple,[1]
on pourra, à son gré, changer les dispositions du ciel et assurer
sa bienveillance.

Ainsi décrété.

III

Le 18 du 6ᵉ mois de la VIᵉ année Yong-tcheng.

Décret suprême.

D'après ce que j'apprends, les officiers qui commandent
aux bannières, lorsqu'ils ont à faire un rapport sur une faute
commise, se montrent partiaux en faveur du délinquant ou bien
exagèrent notablement le délit. En aucun cas, ils ne cherchent
ni le juste milieu, ni la vérité. Généralement quand ils dénoncent
une faute, ils exagèrent l'accusation et la peine proposée, se
disant que le souverain usera d'indulgence et diminuera cette
peine.[2] Si je le fais, ils s'en vont dire que c'est grâce à eux
qu'il en a été ainsi, et s'attribuant l'acte d'indulgence qui vient
de moi, ils gagnent pour eux-mêmes la faveur du public.

Si, au contraire, je confirme leur sentence, à dessein excessive, ils disent alors que ma décision dépasse toute mesure par
sa sévérité, et ils me rendent odieux au peuple. C'est là une
conduite perfide, astucieuse, digne de rebelles, un procédé coupable. Ces officiers se soucient peu d'attacher à mon nom une
extrême défaveur, dès qu'ils peuvent acquérir une renommée
favorable.

Je ne puis permettre cela. Il n'y a que ce qui est conforme aux lois du royaume et à la saine doctrine qui doive
se faire.

Ceux qui administrent les affaires de l'empire et doivent
accuser les délinquants ne doivent remplir ces fonctions qu'avec

---

[1] Dans l'édit précédent, Yong-tcheng affirmait l'inutilité de la prière.

[2] En Chine toutes les causes criminelles doivent être révisées à Peking
et les sentences de condamnation confirmées par l'empereur.

droiture et fidélité. Si la faute est grave, on ne doit pas la traiter comme légère. Si elle est légère, on ne doit pas l'exagérer dans les rapports.

Depuis six ans que j'occupe le trône ai-je jamais, dans un accès de colère, puni un innocent? Ai-je jamais traité un délinquant avec toute la sévérité de la loi? J'ai toujours, et je m'en réjouis, usé d'une grande indulgence.

D'un autre côté quel coupable ai-je jamais relâché sans lui avoir infligé aucun châtiment?

Pendant ces six années j'ai, bien des fois, rappelé la vérité et averti les magistrats. Malgré cela ils ont agi comme des rebelles et uniquement selon leurs idées personnelles.

Tandis que moi, je n'omettais jamais, par légèreté, de considérer attentivement les affaires, les fonctionnaires me trompaient en tout et partout. Croit-on peut-être que je ne sais pas distinguer le vrai du faux? Est-ce que je ne suis pas capable de diriger les affaires? J'ai, sans discontinuer, exhorté et instruit les magistrats, mais en général ils n'ont point obéi et ne se sont point corrigés.[1]

Parler mensongèrement et sans règle c'est une faute qui dépasse les autres. Si la volonté agit de même, alors les actes mettent le trouble et le désordre dans le gouvernement. Il n'y a rien de plus grave que les fautes des magistrats. Je vous en ai déjà avertis dans mes lettres.

Si vous continuez ainsi sans craindre ni changer, comme vous entretenez par là en vos esprits des pensées de perversité, de rébellion et de fourberie, je vous ferai arrêter et punir, selon la loi, sans tarder. Certes je n'userai pas d'indulgence à votre égard.

---

[1] C'est là un des traits de la politique interne de la Chine. Dans ce puissant empire, où les lois pénales ont d'excessives rigueurs, l'empereur est censé le père de tous ses sujets. Au lieu d'être sans cesse armé du glaive de la loi, il agit souvent en père; il instruit, avertit, réprimande souvent en pure perte et n'use de rigueurs qu'à la dernière extrémité. De là ses homélies sont souvent prises pour de belles pièces de littérature auxquelles on ne fait nulle attention. Comparez mon opuscule : L'infanticide en Chine d'après les documents chinois, Louvain 1885, p. 5.

Ces vices règnent chez les membres des tribunaux criminels et des bannières. Annoncez donc ma décision aux magistrats des bannières et du palais et aux magistrats mandchoux des cours criminelles. Faites la connaître partout et à tout le monde.

Ainsi décrété.

IV

Le 25 du 3ᵉ mois de la VIIᵉ année Yong-tcheng.

DÉCRET SUPRÊME.

Comme aux environs de la capitale il n'a point plu selon les besoins de la saison, je me suis examiné moi-même (pour voir si je n'avais point commis quelque faute qui eut pu attirer cette calamité sur le pays). (Mais non.) J'ai fait administrer l'empire convenablement par les magistrats, mon cœur est toujours craintif et vigilant. Les fonctionnaires sont tous remplis de zèle et d'activité dans l'accomplissement de leurs fonctions et se conduisent selon les coutumes et le droit.

Lorsque quelque vice, quelque erreur se montrait, j'avertissais aussitôt par un édit; j'ai tout fait amender et corriger. Jamais il n'a été fait quoi que ce soit qui pût arrêter la bienveillance du ciel. Mais depuis que, le second mois de cette année, j'ai porté un décret amnistiant le dommage fait aux revenus publics (par ceux qui s'en emparent sans droit), les coupables dépourvus d'intelligence n'ont point su se montrer reconnaissants de cette extrême faveur. Bien plus, comme s'ils n'avaient pas été amnistiés, ils n'ont causé que plus de tort. Leurs âmes méchantes, rebelles ont lassé la bienveillance du ciel. C'est pourquoi le ciel a fait paraître un signe extraordinaire aux environs de la capitale.

Considérant ce fait attentivement, je n'ai pu par mes réflexions saisir la vérité.

Le 23 de ce mois, comme j'avais réuni autour de moi les officiers et employés des huit bannières venus pour me présenter une supplique, j'exposai clairement ma pensée relativement à ces misérables et à la manière de suivre les avertissements du ciel. Je répétai mes avis et mes leçons, et je portai un édit chargeant chacun des officiers des bannières de le publier, de le porter à la connaissance de tous. Aussi le 25 au matin, il survint une pluie abondante et fertilisante qui tomba dans la région entourant la capitale.

Notre devoir est de rechercher quelle est la loi qui fait que le ciel meut l'homme et que l'homme obéit à son impulsion. C'est avec crainte et respect que l'on doit accueillir cette manifestation d'un signe céleste clair et évident.

Les gens de peu d'esprit, se corrigeant avec soin, doivent constamment penser avec crainte et respect à cette manifestation céleste.

Ainsi édicté.

V

Le 21 du 4° mois de l'an VIII Yong-tcheng.

DÉCRET SUPRÈME.

Moi, voulant rendre irréprochable l'administration de l'empire, et établir un ordre parfait dans la gestion des mandarins, j'ai averti, par des édits répétés, les magistrats de tout ordre de remplir leurs fonctions avec fidélité et droiture, de gérer convenablement les affaires et de procurer ainsi le plus grand bien du peuple. Mais les mandarins sont en grand nombre, il y en a des bons et des mauvais, très différents les uns des autres.

Comme ces derniers considéraient mes avertissements et mes édits comme de vaines paroles, et qu'il faut absolument les amener à craindre et s'observer soi-même, sur présentation d'un rapport, tous les actes coupables ont été justement punis et sans indulgence.

Ils ont été ainsi avertis de craindre dans les plus petites choses et de soigner attentivement les plus minces affaires, d'amas-

ser chaque jour et mettre en sûreté les biens amassés,[1]) en sorte
qu'ils ne se permettent plus de violer les lois et les coutumes
réglées.

Aussi les gouverneurs et les préfets suivant dès lors les
lois et les ordonnances, surveillant strictement les fonctionnaires,
agirent sans hésitation et sans faiblesse. Sous cette active sur-
veillance, on ne pensa plus qu'à faire régner la paix dans le
peuple, à punir l'oppression, à encourager le bien. On ne voyait
plus de fonctionnaire injuste ou tyrannique. Lorsque j'ai vu que
les mandarins de tout ordre, jusqu'aux derniers qui méritent à
peine ce titre, remplissaient leurs fonctions avec zèle, qu'ils ob-
servaient scrupuleusement les lois et respectaient les droits des
cours supérieures, mon cœur en a ressenti une joie bien vive.

Les fautes commises antérieurement et signalées dans des
rapports de blâme, étaient extrêmement nombreuses. Cette année,
tant en automne qu'en hiver, j'ai porté des édits accordant grâce
et pardon avec grande indulgence et ordonné aux mandarins
de donner à tous des avertissements et des encouragements
publics. Aussi lorsque la sécheresse qui régnait autour de la
capitale me détermina à chercher quelle faute avait pu être
commise dans le gouvernement de l'État, je ne trouvai rien
qui ait pu nous attirer cette calamité. Car malgré le nombre
des fautes commises antérieurement, il y avait des raisons bien
suffisantes pour user de miséricorde conformément aux usages.

Mais maintenant, surtout après qu'il a été accordé une
amnistie générale, il faut veiller à ce que les fonctionnaires
prennent la voie de l'amendement et de l'avancement dans la vertu.

Conformément à l'édit de grâce, les mandarins privés de
leurs traitements ont été rétablis dans leurs droits; tous ceux qui
étaient descendus de grade ou dont la solde avait été diminuée
seront réintégrés dans leur rang et traitement antérieurs. (Mais
qu'ils veillent à s'amender. Car) s'il est des officiers de cette
catégorie qui, après avoir été remis dans leur position, commettent
de nouveau des fautes graves, soit en volant les deniers publics

---

[1]) Autre phrase sententieuse.

soit en violant les lois, flétrissez-les en publiant leurs noms dans les affiches[1]) et consignant le fait dans les registres.

Ainsi décrété.

VI

Le 14 du 4e mois de l'année VIII Yong-tcheng.

DÉCRET SUPRÊME.

Les mandarins doivent porter les boutons, les pendants et le manteau dont on se servait déjà à l'époque antérieure, d'après le rang de leur fonction actuelle. Il a déjà été porté un décret interdisant de s'en servir autrement et sans droit. Depuis lors il m'a été présenté un rapport constatant que parmi les fonctionnaires de l'armée attachés au secrétariat on fait usage des boutons, pendants et manteaux d'une manière contraire aux droits et devoirs des différents ordres. C'est pourquoi un nouvel édit fut porté afin qu'on n'employât plus ces ornements qu'en observant exactement le rang de chaque fonctionnaire. Cet édit était parfaitement clair. Cependant, à ce que j'entends, les secrétaires de l'armée violent en ce point les règles établies; ils continuent ainsi à s'arroger un rang, un titre et des ornements auxquels ils n'ont point droit. Cela est contraire à toute convenance. Que désormais ces fonctionnaires, tant de la capitale que de la province, se conforment, quant au titre et aux ornements, aux règles de leur grade actuel, et ne s'avisent plus de porter les insignes d'un rang plus élevé. Que les inspecteurs compétents surveillent de près les fonctionnaires de la capitale. Que les magistrats chargés de ce soin surveillent de même les fonctionnaires des provinces.

S'il se commet de nouveaux manquements, outre que les délinquants seront punis par les juges, un châtiment exemplaire

---

[1]) Chaque chef-lieu de divisions territoriales doit avoir au siège de l'autorité, un local où l'on affiche les ordonnances, édits et les décrets concernant les employés. Un fonctionnaire dégradé ou flétri doit dans son nouveau poste s'annoncer comme frappé de cette note infamante. Des registres signalant les fautes et les mérites des fonctionnaires doivent être tenus partout.

sera infligé aux inspecteurs et magistrats qui auront manqué de vigilance à rechercher les coupables.

Ainsi décrété.

VII

Le 14 du 4ᵉ mois de l'année VII Yong-tcheng.

DÉCRET SUPRÊME.

Exercer l'infanterie à la chasse[1]) est chose excellente. Les soldats doivent étudier et mettre en pratique les règles de la chasse. Il ne suffit pas de les y exercer une fois par an, il faut le faire très souvent. Désormais à l'approche de l'hiver au temps fixé pour la chasse des fantassins, chaque bannière doit s'y exercer deux ou trois fois; les officiers doivent y aller eux-mêmes, et l'on doit me l'annoncer le jour précédent. Les garde-chasse examineront les instruments de pêche et de chasse qui sont dans les magasins de l'armée, les mettront en ordre et les donneront aux soldats. Ils devront en outre leur apprendre à s'en servir et diriger les exercices.

Ainsi décrété.

---

[1]) Les grandes chasses aux animaux sauvages et féroces dans les montagnes, les bois etc. ont toujours été considérées en Chine comme l'image des combats et une excellente préparation à la guerre.

Étymologie, histoire, orthographe du mot Tibet.

Par

M. Léon Feer.

I. Le mot *Bod* (prononcé *Peu*).

On sait assez généralement que le pays de montagnes situé au Nord de l'Inde s'appelle *Bod*.[1]

Ce que l'on sait moins, c'est que les indigènes, en prononçant ce nom formé des trois lettres *b, o, d*, ne font entendre ni un *b*, ni un *o*, ni un *d*. Ils articulent *Peu* (= *Pö*[2]).

Au premier abord, cela semble étonnant; en y réfléchissant, on trouve la chose assez naturelle. Un *b* initial prononcé *p*, une consonne finale qui ne se fait pas sentir,[3] ce sont là des phénomènes ordinaires dans le langage, et il n'est pas nécessaire, pour les rencontrer, d'aller dans les vallées de l'Himâlaya. Quant à la voyelle *o*, si on la prononce brève,[4] elle se rapproche du son *eu* (= *ö*); nous savons d'ailleurs que, dans la langue de Bod, *o* a souvent la prononciation *eu* (= *ö*), et peut même être remplacé par *e* dans l'écriture.[5]

---

[1] བོད་

[2] La transcription allemande a l'avantage de s'éloigner moins de l'orthographe.

[3] Les Français qui ne font pas sentir le *t* final de Tibet seraient mal venus à reprocher aux Tibétains de ne pas faire sentir le *d* de Bod.

[4] En tibétain, toutes les voyelles sont brèves.

[5] C'est ainsi que le pronom de la 2ᵉ personne *khyod* se prononce *khyeu* (= *khyö*), au moins dans certaines provinces, et s'écrit aussi *khyed*.

Les renseignements que nous avons sur la prononciation du mot *Bod* nous venant de personnes[1]) qui n'ont jamais résidé que dans la partie orientale du pays, il y a lieu de se demander s'il s'agit ici d'une prononciation locale, provinciale, ou bien d'une prononciation universelle et nationale.

Les informations nous manquent pour résoudre la question. Rappelons du moins que, d'après Samuel Turner, qui visita le Bod central, il y a un siècle, le vrai nom du pays est ‚Puë or Puë Koachim‘.[2]) *Koachim* représente *khava-can* (nive praeditus), traduction exacte du sanscrit *Himavat*. Quant à *Puë*, Turner le traduit par ‚Nord‘. Sans entamer une discussion sur ce point, je crois pouvoir avancer que le *Puë* de Turner ne diffère pas beaucoup du *Peu* des missionnaires français, et conclure que *Peu* (= *Pö*) représente bien la prononciation vulgaire et universelle du mot *Bod* dans le pays qui porte ce nom.

II. Le mot *Tibet* et ses variantes.

Ce pays que les indigènes appellent *Bod*, les Européens le nomment *Tibet*. Seulement, ils ne sont pas bien sûrs de l'orthographe de ce mot, car ils hésitent entre *Tibet* et *Thibet*. Il n'y a peut-être pas de peuple européen chez qui l'on ne rencontre ces deux formes. Cependant, comme l'*h* ne se prononce pas, il est permis de dire que le nom européen du pays de Bod est *Tibet*. Il existe bien aussi une autre forme : *Tubet,* mais elle est récente. Nous en parlerons plus tard.

Ce nom de Tibet était absolument ignoré du peuple de Bod qui, nous assure-t-on, n'en a eu connaissance que par les Européens. Cela doit s'entendre de la partie de ce peuple qui confine aux possessions anglaises, car les habitants de l'extrémité N.-O. du pays en attribuent l'invention aux Musulmans.[3])

En effet, les Arabes et les peuples qui se servent de leur écriture, les Persans, les Turcs, désignent le pays de Bod par

---

[1]) Renou, Desgodins, missionnaires catholiques français.
[2]) Embassy etc., p. 305.
[3]) Glossary of tib. geogr. terms (Journ. of the R. Asiat. Soc. XX, p. 94).

un dissyllabe très semblable au terme européen et composé des consonnes *TBT*.[1]) Ils n'éprouvent pas le même embarras que les Européens au sujet de l'*h,* dont la présence changerait pour eux la forme du mot et en ferait un trisyllabe *(Ti-He-BeT).* Aussi n'ont-ils jamais songé à l'y introduire. C'est sur les voyelles à joindre à ces consonnes que le désaccord se produit. On hésite entre *i, e, u, o.* Toutefois la plus grande différence entre le mot asiatique et le terme européen consiste dans le doublement du *b.*[2]) Les Orientaux prononcent *Tibbat, Tibbet, Tobbat, Tobbet* avec double *b* et grande incertitude dans l'emploi des voyelles.

Les Mongols reproduisent ce nom avec les mêmes consonnes *TBT.*[3]) L'*h* leur donne encore moins de souci qu'aux Arabes par l'excellente raison que cette lettre manque à leur alphabet. Mais comme ils écrivent les voyelles, on se croit en droit d'attendre d'eux qu'ils nous fassent connaître celles du mot qui nous occupe. Aussi Klaproth a-t-il proposé de l'écrire *Tubet* à l'instar des Mongols.[4]) Malheureusement, il n'y a en mongol qu'un seul et même signe pour *u* et *eu (ü* et *ö).* Bien plus! un seul et même signe sert pour *d* et *t;* de sorte que le mot qu'on lit *Tubet* pourrait fort bien se lire *Teubet* ou *Teubed,* ou encore *Tubed.*

On assure que la prononciation véritable est *Tubet.* Soit! Mais les Kalmouks, frères des Mongols, et assez avisés pour distinguer, par l'écriture, les lettres (tant consonnes que voyelles) confondues dans l'alphabet mongol, écrivent ce mot *Teubeud* (= *Töböd).*[5]) Le grand mongoliste Schmidt transcrit le terme mongol — *Töböt* plus souvent que — *Tübet.* Aussi crois-je pouvoir admettre que la véritable forme mongole est *Teubeut* ou *Teubeud (Töböt* ou *Töböd)* et que la forme actuelle Tubet (= Tübet) est altérée et corrompue.

---

[1]) تِبَّت.

[2]) تَبَّت.

[3]) ᠲᠣᠪᠣᠳ

[4]) Klaproth était tellement épris de la forme mongole que, dans ses ouvrages allemands il écrit Tübät, ce qui en est un véritable calque.

[5]) ᠲᠥᠪᠥᠳ

Les Chinois rendent ce mot par une expression qui, si l'on tient compte de l'étrange façon dont ils défigurent les noms étrangers, présente avec le mot Tibet une étonnante analogie : c'est *Thou-po* ou *Thou-pho*[1]) (donné par erreur sous la forme *Thou-fan*). La première syllabe *Thou* est toujours écrite avec une *h* ou un signe qui remplace cette aspirée.

Ces diverses formes du mot Tibet me paraissent ne différer que par des nuances soit de prononciation, soit d'orthographe. Je suis surtout frappé de leur analogie ; et je crois pouvoir affirmer que le nom du pays de Bod est représenté, hors de ce pays, par un mot de deux syllabes, essentiellement composé des trois lettres *t, b, t,* et à formes multiples, parmi lesquelles la forme européenne Tibet peut sans doute n'être pas la meilleure, mais peut aussi avoir la prétention de n'être pas la plus mauvaise.

On ne s'est pas fait faute d'opposer le mot *Tibet* au mot *Bod* et de le présenter comme un terme barbare absolument étranger à la langue tibétaine. Un peu de réflexion permet cependant d'apercevoir que, cette langue étant monosyllabique et le dissyllabe *Tibet* se décomposant naturellement en deux syllabes *Ti* et *Bet*, la seconde moitié du mot — *Bet* — représente assez exactement le mot *Bod*, pour que la première moitié *Ti* doive être considérée comme un autre mot tibétain, lequel formerait avec *Bod* un composé tibétain devenu Tibet sur des lèvres étrangères. Ce mot représenté par *Ti*, on l'a cherché ; et nous allons donner une idée de ces recherches.

III. Étymologie du mot *Tibet*.

Yid-bod. Georgi est le premier qui, à ma connaissance, ait essayé d'expliquer le mot Tibet. Dans la seconde moitié du mot, il voit, avec raison, le nom même du pays — Bod ; il a seulement le tort de prétendre y découvrir une forme du mot Buddha. Dans la syllabe *Ti*, il veut voir le mot tibétain *Yid* (‚cœur‘) retourné ; de sorte que Tibet serait pour *Yid-bod* ‚cœur du Bud-

---

[1]) 吐蕃

dha'. ¹) Cette étymologie a eu l'honneur d'obtenir une sorte d'ap-
probation de l'éminent indianiste William Jones qui appelle le
Tibet *Pot-yid,* tout en déclarant un instant après les étymolo-
gies de Georgi ,fanciful, always ridiculous, and often grossly
erroneous'. ²) L'interprétation de *Ti* est, en effet, ridicule au
plus haut point; celle de Bod est erronée, mais excusable; toute
l'explication est de pure fantaisie. Il faut cependant savoir gré
à Georgi d'avoir reconnu que la deuxième syllabe de Tibet n'est
autre que le mot Bod. C'est là un point acquis dès le début et
qui ne sera plus contesté.

Thub-phod. L'étymologie proposée par Schiefner est connue; ³) elle est des plus ingénieuses et des plus séduisantes. La
syllabe *Ti* pour lui représente le mot *Thub* qui n'est qu'une
forme retournée de Bod ou Phod; de sorte que *Thub-phod* (ou
Thub-bod) serait une réduplication du nom même du pays de
Bod. Cette forme *Thub-phod* a le triple avantage de justifier le
double *b* arabe, l'*u* mongol, et la présence de l'*h*, qui fait le
tourment des Européens; de plus, elle cadre singulièrement bien
avec l'expression chinoise *Thou-pho.* Elle a seulement le tort
d'être artificielle, trop savamment combinée; elle doit nécessairement disparaître devant une étymologie plus naturelle et plus
simple.

Tho-bod. On n'a pas fait assez attention à une phrase de
Köppen qui, après avoir cité l'étymologie de Schiefner, ajoute

---

¹) Georgi ne donne même pas cette interprétation si naturelle (son
système étant admis); il rattache le mot *Yid* au phénicien (!) et traduit par
,complétement'; pour lui, *Yid-bod* (ou *Bod-yid*) représente le sanskrit *Samyak-
Sambuddha* ,parfait et accompli Buddha' (!!) (Alph. Tib., pp. X—XI; XXII;
14—19). Il est à remarquer que l'expression *Bod-yid* qui sert de base à la
longue diatribe de ce fatigant érudit lui est fournie par Bayer, et qu'elle
doit être une faute pour *Bod-yul* ,pays de Bod'. Ce serait donc sur une fausse
lecture (*yid* pour *yul*) que le P. Georgi aurait construit laborieusement son
système d'interprétation du mot Tibet, dépensant en pure perte sa vaine et
luxuriante érudition!

²) Asiatic researches, III, p. 10, 11. William Jones ne fait au fond que
reproduire l'expression fautive de Bayer; mais, après les commentaires de
Georgi sur *Bod-yid,* sa citation prend les apparences d'une adhésion.

³) Mélanges asiatiques de l'Académie des sciences de St Pétersbourg,
I. p. 332, 3.

presque négligemment : ‚Sollte nicht Tho-bod von Tho (für *mtho*)
‚hoch, erhaben‘ die ursprüngliche Form des Wortes sein.‘[1])
Cette étymologie, jetée, pour ainsi dire, en passant, a de grandes
chances d'être la vraie.

Voici, en effet, ce que dit l'abbé Desgodins dans un livre
dont la 2ᵉ édition a paru en 1885 : ‚Le Thibet que les Chinois
nomment Si-tsang s'appelle en langue indigène *Peu-yul*. Les
profondes vallées qui le sillonnent ont occasionné une division
vulgaire de tout le pays en Teu-peu (Thibet élevé) et Mê-peu
(Thibet bas ou inférieur) (Peu est le nom propre du Thibet).
C'est la première de ces appellations qui a sans doute donné
naissance au nom européen de Thibet.‘[2])

Le composé écrit Teu-peu dans le livre dont il s'agit est
orthographié Theu-peu dans les Annales de l'Extrême Orient (II,
p. 226). Cette variété d'orthographe n'est pas indifférente. Il
serait bon de savoir au juste quelle est la manière d'écrire de
M. Desgodins. Or, cela est très difficile, parce qu'il ne peut pas,
à cause de l'éloignement, surveiller l'impression de ses écrits.

Ce qui est hors de doute c'est que, pour M. Desgodins,
le mot *Ti-bet* n'est que l'altération d'un composé tibétain, dont
il nous donne la prononciation sous la forme *Teu* (ou *Theu*) *peu*,
et qui désigne les hautes régions du pays, l'Oberland tibétain.
Peu n'étant autre chose que le mot *Bod*, *teu* ou *theu* représente
un mot de la langue qui signifie ‚haut, élevé‘, et qui, d'après
l'analogie, doit avoir la voyelle *o*, dont nous avons déjà dit que
la prononciation est ordinairement *eu* (ou *ö*). Le mot *mth'o*, proposé par Köppen, qui doit se prononcer *theu*, et dont le sens
est ‚haut, élevé‘, répond parfaitement à la question et semble
justifié par la phrase initiale de la Breve notizia del regno del
Thibet dal fra Francesco Orazio della Penna di Billi, disant :
‚Questo termine Thibet è una parola corrotta in lingua tartara,

---

[1]) Die lamaische Hierarchie und Kirche, p. 42, note 1.

[2]) Le Thibet . . par C. H. Desgodins, p. 277. M. C. H. Desgodins est
le frère de l'abbé Desgodins qui est au Tibet; et il a composé le livre à
l'aide des documents que l'abbé lui a communiqués.

ma in buon linguaggio si deve dire Thobot.' [1]) *Tho-bod* (= *mtho-bod*) prononcé *Theu-peu* (= Thö-pö) serait donc l'expression qui est devenue chez nous Tibet. La phrase du capucin me paraît un argument très fort en faveur de cette étymologie.

Stod-bod. Cependant on peut proposer une autre explication. La division géographique bien connue du Tibet en grand — moyen, — petit. — est exprimée en tibétain par les mots *stod*, — *var*, — *dman*, — Bod-ꜱᴛᴏᴅ est le ,Grand Tibet'. L'adjectif *stod* vient après le substantif dans les Dictionnaires de Csoma et de Schmidt; mais il peut très bien le précéder, [2]) et *Stod-bod* doit être parfaitement correct. *Stod* signifie ,supérieur': il traduit le sanskrit *uttara;* comme *mth'o* il s'applique aux régions élevées. Quant à la prononciation, elle ne peut être que *Teu*, comme celle de Bod est *Peu*. La différence des deux mots *mtho* et *stod* consiste en ce que celle de *mtho* prend l'*h*, et que celle de *stod* ne la prend pas. On pourrait, à la vérité, soutenir que l'*s* préfixe de *stod* équivaut à une aspiration, et que *thod* serait l'équivalent de *stod*. Mais je n'insiste pas sur ce point. Je prends les mots tels qu'ils sont, et je maintiens la différence de prononciation fondée sur la différence d'orthographe, et par suite la différence de prononciation figurée consistant dans l'absence et la présence de l'*h*. La différence de prononciation doit être fort légère, et il n'y a que les Tibétains qui puissent la faire sentir. Eux seuls aussi pourraient écrire correctement le composé Teu-peu ou Theu-peu, si toutefois ils s'accordaient entre eux: ce dont il est permis de douter. [3])

Quoi qu'il en soit, il me semble acquis que le nom du Tibet, écrit *Teu-peu* (ou *Theu-peu*), désigne le ,Bod élevé', et est composé de deux mots dont le second est *Bod* (nom du pays) et le premier un adjectif, soit *mtho*, soit *stod*, mots semblables par la prononciation comme par le sens. On peut donc

---

[1]) Nouveau journal asiat. Janv. 1835.

[2]) Voir le Dict. de Jaeschke au mot *stod*.

[3]) L'orthographe et l'explication des noms géographiques du Tibet présentent de grandes difficultés. Il y a plus d'une restitution du nom de Dardjiling; on ne connaît pas bien la véritable orthographe et l'interprétation du nom de Digartchi.

hésiter entre *mtho-bod* et *stod-bod;* mais c'est, à n'en pas douter, un de ces deux composés qui est représenté par notre mot
Tibet.

Comment ce terme nous a-t-il été transmis? Comment a-til pris sa forme actuelle? C'est ce que nous allons examiner.

VI. Histoire du mot *Tibet* jusqu'en 1630.

On a avancé, sans en donner la preuve rigoureuse, que
le mot Tibet nous vient des Arabes et des Persans.[1]) On a soutenu de plus, sans en faire davantage la démonstration, que les
Arabes tenaient des Chinois le nom du Tibet. Il semble bien
difficile d'admettre que le trilittère arabe *TiBBaT* (ou *ToBBaT*)
vienne des deux caractères chinois *Thou-po.* Il est néanmoins
certain que les Arabes ont eu, par le fait de leurs relations
commerciales avec la Chine, des notions sur le Tibet, dès les
premiers siècles de l'Islam. Mais c'est là une question qui ne
paraît point liée à l'histoire du mot Tibet en Europe.

Il semble qu'on ne tienne pas assez de compte, pour la
transmission de ce nom, des relations des voyageurs européens
du XIIIᵉ siècle, surtout de celle du plus grand d'entre eux,
Marco-Polo. Son influence nous paraît prépondérante, et nous
pensons que c'est lui qui a fait connaître le nom du Tibet. La
manière dont nous écrivons ce mot suffirait pour le prouver.
En effet, si nous tenions le mot Tibet des peuples qui se servent de l'alphabet arabe, nous devrions l'écrire avec deux *b,*
ou hésiter sur le doublement du *b;* ce qui n'est pas. Par contre,
nous hésitons beaucoup sur l'*h* que les uns écrivent et que les
autres n'écrivent pas. D'où cette incertitude peut-elle nous venir,
sinon de Marco-Polo, ou, du moins, des manuscrits de sa relation, qui flottent entre ces quatre manières d'orthographier le
mot : Tebet, Tebeth, Thebet, Thebeth?[2]) La leçon *Tebet* est

[1]) Georgi, Alph. Tib. X. — Abel Rémusat : Recherches sur les langues
tartares, p. 391.

[2]) L'assertion de Schiefner (Mél. as. 1, p. 332), répétée par H. de Schlagintweit (Journ. of the R. As. Soc. XX, p. 94) que Marco-Polo écrivait Thebeth, n'est vraie qu'en partie. Thebeth est une des manières d'écrire du

la plus fréquente et aurait dû avoir la préférence. Elle l'a obtenue, mais tardivement : les savants éditeurs modernes de Marco-Polo (Société de Géographie de Paris, Pauthier, Yule) écrivent Tebet. Mais *Thebet* est la leçon qui prédomine dans les manuscrits latins, et c'est sur eux que la plupart des premières impressions du livre de Marco-Polo ont été faites; elle est, par là, entrée dans l'usage et n'en est plus sortie.

La présence de l'*h* dans le mot Tibet ne peut venir que de Marco-Polo; la suite de ce discours le prouvera; mais cette lettre n'a pas réussi à s'imposer d'une manière exclusive. Plusieurs l'ont repoussée dès l'origine; ce sont surtout les orientalistes qui se sont déclarés contre elle. Ils ont pris pour type du mot la forme arabe qui n'admet pas d'aspirée, et ont décidé, croyons-nous, sur ce seul motif, l'exclusion de l'*h*, qui pouvait être établie aussi bien, et avec plus de raison, sur la comparaison des diverses leçons des manuscrits de Marco-Polo.

Mais d'où vient, chez le voyageur vénitien, cette diversité dans la manière d'écrire le mot Tibet? Lui est-elle imputable à lui seul? Ou faut-il accuser ses copistes? Avait-il une orthographe à lui? Il est sans doute impossible de faire à ces questions une réponse décisive. Je voudrais cependant m'y arrêter un instant. Assurément, il faut faire une grande part à la fantaisie des copistes. Mais l'auteur a fort bien pu hésiter au moins entre deux manières d'écrire : Tebet, Thebet, et je m'explique facilement cette hésitation.

Marco-Polo n'a pas visité le Tibet propre; mais il a dû traverser la lisière orientale du pays, voyager chez des populations de langue tibétaine, et, par conséquent, recueillir au passage le nom du Tibet. Indépendamment de cette circonstance, il a certainement vu des Tibétains à la cour de Kubilaï-Khan; le nom du Tibet, prononcé par eux, prononcé également par des Mongols, a dû frapper plus d'une fois ses oreilles. Il a pu aussi l'entendre prononcer par des Persans et des Chinois. Mais

voyageur vénitien (ou de ses copistes); ce n'est pas la seule ni la plus fréquente. — Dans la relation de Rubruquis, on lit deux fois Tebeth et une fois Thebeth.

c'est surtout, pour ne pas dire exclusivement, la prononciation
mongole et la prononciation tibétaine qui ont dû attirer son attention, qu'il a dû retenir et chercher à rendre, la première comme
étant la plus fréquemment perçue par lui et la plus facile à saisir, la deuxième comme étant la plus exacte et la seule au-
thentique. Or, quand il écrit *Tebet*, il reproduit visiblement la
forme mongole; car je ne puis douter que son *Tebet* ne se pro-
nonçât Teubeut (= Töböt); ce qui est bien la forme mongole.
Si, à côté de Tebet, il lui est arrivé d'écrire *Thebet* (prononcé
Theubeut = Thöböt), c'est qu'il aura essayé de reproduire une
aspiration que les Mongols ne faisaient pas sentir. Et que peut
être cette aspiration sinon une émission de voix propre à la
langue tibétaine? Si donc les deux formes Tebet et Thebet sont
bien de Marco-Polo, s'il a vraiment hésité entre l'une et l'autre,
je verrais dans Tebet la forme mongole et dans Thebet la forme
tibétaine, ne différant l'une de l'autre que par l'aspiration ou
la non-aspiration du *t* initial. S'il en était réellement ainsi, l'étymologie mҭʜo-вod (expliquée ci-dessus) se trouverait justifiée par
cela même. Malheureusement, nous ne pouvons rien affirmer :
tout ceci n'est que conjecture. Nous ne connaissons pas la cause
exacte des diversités d'orthographe qui se rencontrent dans les
manuscrits du voyageur vénitien.

Le moine de Frioul, Oderic, qui visita le Tibet central
vingt ou trente ans après l'apparition du livre de Marco-Polo
aurait bien dû nous donner le vrai nom du pays. Mais dans
quatre copies de sa relation (deux en français, deux en latin),
je trouve Thibocht, — Tybot, — Riboth, — Riboch. Les con-
temporains ont-ils reconnu dans ces quatre termes le Tebet de
Marco-Polo? Ce qui frappe surtout dans ces quatre leçons (où
l'*r* et le *c* sont certainement des fautes de copiste, qui ont mis
r pour *t* et *c* pour *t*), c'est la substitution constante de *i* à *è*
dans la première syllabe. La forme Tybot est particulièrement
remarquable; j'incline à croire qu'elle est la véritable, les autres
n'étant que des altérations. Mais ce qui ressort le plus vivement
de ces variantes, c'est la confusion qui régnait au sujet de ce
pays et de son nom. Aussi ne doit-on pas s'étonner de voir

dans deux éditions italiennes de Marco-Polo, dont l'une a évidemment servi de modèle à l'autre, le Tibet appelé *Chelet* dans le premier chapitre consacré par l'auteur à la description de ce pays et *Tebeth* dans le second.[1])

Les premières impressions du livre de Marco-Polo ont (sans même parler des fautes des éditeurs) varié sur l'orthographe du mot comme les manuscrits eux-mêmes. Mais l'*h* paraît toujours, soit dans la première syllabe, soit dans la deuxième, soit dans toutes les deux. Et comment prononçait-on ce mot écrit si diversement? Nous savons que la prononciation de Marco-Polo devait être Teubeut (= Töböt) : peut-être même ne faisait-il pas sentir le *t* final et prononçait-il Teubeu (= Töbö); ce qui se rapprocherait beaucoup de la prononciation tibétaine actuelle Teu-peu (ou Theu-peu). Toutefois, l'*h* finale de Tebeth — Thebeth semble indiquer que l'on faisait sentir le *t* : ce qui, du reste, n'a rien d'étonnant. Il y a une plus grande difficulté sur l'articulation des voyelles. La prononciation *eu* (= ö) a dû progressivement, très rapidement peut-être, passer à *é*; et, au lieu de Teubeut, on aura prononcé Tébét (avec ou sans *h*, puisque l'*h* ne se prononce pas). De Tébét à Tibét, la transition est assez facile, et l'orthographe de Oderic aurait pu la faciliter. Cette altération s'est-elle produite? Aucun témoignage à nous connu n'autorise à le supposer. D'ailleurs elle n'aurait pu se faire que si ce mot était devenu en quelque sorte populaire, si le pays qui le désigne avait attiré spécialement l'attention : ce qui n'est certainement pas le cas. L'apparition de la forme Tibet date du XVIe siècle et ne procède pas, semble-t-il, des voyageurs du XIIIe et du XIVe. C'est le jésuite portugais Antonio d'Andrada qui l'a introduite dans la langue géographique.

Marco-Polo et Oderic de Frioul n'avaient pu faire imprimer eux-mêmes leurs relations, en corriger les épreuves, s'expliquer sur l'orthographe de leurs noms géographiques. La relation des voyages d'Andrada a été aussitôt imprimée qu'écrite. Nous n'avons vu ni son manuscrit, ni les éditions originales de

---

[1]) Il m'est impossible de donner la date de ces deux éditions. La première n'en a pas; la seconde porte celle de 1267 (!).

ses deux récits. Tous les renseignements s'accordent à le représenter comme ayant écrit Tibet. Seule une version espagnole de son premier récit donne Thibet, la version italienne porte Tibet; et les traductions françaises des deux récits (faites sur l'italien) portent également Tibet. On assure que cette orthographe est celle des éditions portugaises. Nous pouvons en conséquence admettre que telle est l'orthographe de l'auteur. C'est donc Antonio d'Andrada qui aurait inauguré le mot Tibet sous sa forme définitive la plus simple. Avant lui, si je ne me trompe, il est inconnu; depuis lui, il est d'un usage constant.

Le *Tibet* de A. d'Andrada ne diffère du *Tebet* de Marco-Polo que par la première voyelle. Tibet est-il une simple modification de Tebet, et d'Andrada a-t-il reconnu l'identification de son Tibet avec le Tebet du voyageur vénitien? Cela sans doute n'est pas impossible. Mais comme, le premier après Marco-Polo et Oderic de Frioul, il parle du Tibet *de visu*, on doit supposer qu'il s'appuyait sur d'autres autorités que des copies de relations peu d'accord entre elles? D'où a-t-il donc rapporté ce mot Tibet? Du pays qu'il avait visité? ou de l'Inde, son point de départ? Il est difficile d'admettre que le roi et les habitants de Tchabrang lui aient appris à dire Tibet. Il est bien plus croyable qu'il a recueilli ce nom dans l'Inde. Mais alors n'aurait-il pas dû écrire *Tibbet?* Il est possible qu'il ait simplifié de sa propre autorité le nom usité dans l'Inde; il est possible aussi que, tout en l'adoptant, il se soit souvenu du ‚Livre des merveilles‘, rectifiant l'une par l'autre la leçon de Marco-Polo et celle des Hindous.[1)]

[1)] Dans ce sens on peut dire que le mot Tibet nous vient des Arabes et des Persans. — Je n'ai rien dit du mot Τουπάτα ou Τουπάτ donné par le médecin grec du XIe siècle, Syméon, fils de Seth, comme le nom du pays d'où vient le musc. La première édition de son livre est de 1538; elle paraît n'avoir eu aucune influence sur la formation du mot Tibet. Toute discussion sur ce terme, d'ailleurs fort intéressant, est hors de mon sujet, et je m'abstiens d'en parler longuement; il suffit de l'avoir rappelé. Il n'est peut-être pas inutile de remarquer que ce mot est reproduit très inexactement sous la forme Tovràt dans Glossary of Tib. geogr. terms (Journ. of the R. As. Soc. XX, p. 94).

Toujours est-il que, à dater des publications d'Antonio d'Andrada, l'existence et le nom du Tibet sont bien connus en Europe. L'orthographe Tibet, employée par le voyageur qui avait visité le pays, aurait dû être admise sans conteste et faire loi pour tous. Il n'en est rien. On va se partager entre les deux formes Tibet et Thibet. Les uns mettront une *h*, d'autres n'en mettront pas. Je le demande encore, que peut être cette *h*, sinon un souvenir et une trace ineffaçable des variantes de Marco-Polo?

Il n'est pas inutile d'établir par quelques faits saillants, cette incertitude remarquable et d'ailleurs bien connue.

V. Tibet, Thibet, Tubet.

En France, c'est l'omission de l'*h* qui semble devoir l'emporter d'abord. Dans l',Histoire de la Chine' traduite du latin du P. Martin Martini par l'abbé Lepeletier (Paris, 1692) on lit *Tibet* (II, p. 326 et 345); dans les ,Voyages de Mandelslo', ouvrage imprimé à Amsterdam en 1727 et que je considère comme français, parce qu'il est publié en français, on lit *Tibet* à la colonne 550, mais, sur une des cartes géographiques de l'ouvrage, ,Tobbat ou Thibet'. Ce sont surtout du Halde et d'Anville qui paraissent avoir mis à la mode l'emploi de l'*h*. Dans la ,Description de la Chine' de Grosier, on lit *Thibet* dans l'ouvrage et *Tibet* sur la carte. De Guignes, Langlès, Abel Rémusat écrivent *Tibet ;*[1] c'est en général l'orthographe des orientalistes. Aujourd'hui, les missionnaires catholiques (qui s'occupent beaucoup du Tibet) écrivent uniformément Thibet; les dictionnaires et les encyclopédies donnent pour la plupart les deux formes simultanément. Littré écrit *Tibet* à l'article ,Dalaï-Lama', *Thibet* aux articles ,Lama' et ,Lamaïsme', et derechef *Tibet,* à l'article ,Polyandrie'. Dans une carte publiée par la Société de Géographie de Paris en 1881, pour une séance annuelle, l'intitulé porte *Thibet* et la place du pays *Tibet*.

---

[1] Abel Rémusat qui fait remonter le mot Tibet au chinois *Thou-po* devrait logiquement mettre une *h*. Il n'en met pas parce qu'il prend pour type le terme arabe.

En Italie, les missionnaires capucins du XVIIIe siècle écrivent Thibet; il est à croire qu'ils le font avec connaissance de cause, et non pour obéir à une tradition incertaine. Il est assez étonnant que Georgi, ayant travaillé sur les documents rassemblés par eux, écrive Tibet; est-ce à cause de la forme arabe, ou à cause de l'étymologie qu'il avait découverte et qui n'admet pas d'*h*. Je crois que, aujourd'hui, les Italiens suppriment cette lettre dont l'emploi dans le mot Tibet ne peut se faire qu'en violation de leurs règles orthographiques.

En Allemagne, dans le livre anonyme, intitulé : „Artificia hominum, miranda naturæ' écrit en latin et publié à Francfort sur le Mein en 1655, on trouve Tibet aux pages 1, 8, 1155, *Tebet* à la page 659. L'auteur a-t-il voulu distinguer ainsi les deux régions décrites par Marco-Polo, ou bien le Tibet du jésuite portugais et le Tebet du voyageur vénitien? — Pallas écrit généralement Tybet, quelquefois Tibet : ce qui donne lieu de penser que la leçon *Tybet* n'est pas une sorte de compromis avec le mongol *Tubet*, mais tient à l'emploi si fréquent de l'*y* qui existait alors. Il est à noter que Tybet rappelle le Tybot d'Oderic de Frioul. Aujourd'hui les géographes allemands paraissent avoir adopté l'orthographe Tibet; mais dans les encyclopédies et les dictionnaires on trouve généralement les deux orthographes Tibet, Thibet, presque toujours accrues de la troisième forme Tubet.

En Allemagne, en France, en Italie, on ne distingue pas, dans la prononciation, entre Tibet et Thibet. Il ne peut en être de même en Angleterre où la prononciation de Thibet doit être tout autre que celle de Tibet; et, puisque c'est l'orthographe Tibet qui représente le mieux la prononciation, cette orthographe devrait être celle des Anglais. Nous croyons qu'elle l'est en effet; malgré cela, l'orthographe Thibet se rencontre dans plus d'un livre anglais. Nous citerons comme exemples : Asiatic researches, XVII, p. 507; — Gawler, Sikkim . . . relations through the state of Sikkim with central Asia, Thibet . . — Harvey, The adventures of a lady in Tartarie, Thibet . . . Rennie, Story of the Bothan war : enfin Cole, Catalogue of the objects of Indian art exhibited in the south Kensington Museum. Y a-t-il en Angleterre deux manières de prononcer le nom du Tibet, comme il y a deux manières de l'écrire? *Thibet* sonne-t-il de la même façon ou autrement que *Tibet?*

On pourrait facilement étendre ces observations; mais cela n'est pas nécessaire. Il est constant qu'on flotte entre *Tibet* et *Thibet*. Klaproth, par sa malencontreuse tentative de faire prévaloir la forme mongole *Tubet*, est venu augmenter la confusion en introduisant une troisième manière d'écrire. En France, où elle a eu un moment de faveur du vivant de Klaproth (Malte-Brun l'avait accueillie sans toutefois la substituer à Tibet), elle est complétement abandonnée aujourd'hui. Ce n'est guères qu'en Allemagne qu'on la conserve et qu'on la cite à côté des formes Tibet et Thibet.

VI. Quelle orthographe adopter?

Le public écrivant et lisant paraît prendre son parti de cette diversité. Il y a cependant des personnes qu'elle embarrasse. Une orthographe uniforme, si elle n'est pas absolument indispensable, serait pourtant désirable. Nous allons donc chercher quelle est, parmi ces trois formes Tibet, Thibet, Tubet, celle qu'il conviendrait de préférer.

Je crois pouvoir écarter tout d'abord la leçon Tubet; c'est la forme mongole actuelle, il est vrai; mais une forme ou plutôt une lecture corrompue. Le mieux, semble-t-il, serait d'y renoncer définitivement. Restent Thibet et Tibet.

Que font ceux qui écrivent Thibet? Ils observent, le sachant ou ne le sachant pas, une tradition qui remonte à Marco-Polo; c'est son orthographe qu'ils sont censés reproduire. Mais cette tradition repose sur une fausse base. Thebet, dont Thibet n'est ou paraît n'être qu'une légère modification, est seulement, nous l'avons déjà dit, une des manières d'écrire de Marco-Polo et une des moins fréquentes. Son orthographe la plus probable est Tebet. C'est donc Tibet qu'on devrait écrire si l'on prétend se régler sur lui.

Que font ceux qui écrivent Tibet? Peut-être se proposent-ils de reproduire l'orthographe de d'Andrada; mais c'est fort douteux. Le plus probable est qu'ils prennent pour point de départ la forme arabe. C'est là, il faut bien le dire, une autorité de peu de poids; l'absence d'une *h* dans un mot étranger importé en arabe ne prouve nullement que cette *h* ne doit pas s'y trouver. Toutefois, notre mot Tibet ressemble tellement au mot arabe, et l'uniformité des noms géographiques est tellement désirable, que, selon nous, ceux qui omettent l'*h* par cette raison, sont parfaitement fondés à le faire. Leur erreur serait de croire que la forme arabe est une garantie de correction selon l'étymologie.

Des observations qui précèdent je conclus que si l'on ne s'embarrasse pas de la question étymologique, si l'on s'en tient à l'usage, à la tradition bien comprise, c'est Tibet qu'il faut écrire et non pas Thibet.

Mais si l'on veut tenir compte de l'étymologie, si l'on regarde aux mots tibétains qui nous ont fourni notre mot Tibet, la question change de face. Il est certain que si Tibet n'est qu'une altération de *mtho-bod,* la présence de l'*h* est légitimée, on peut même dire exigée par l'étymologie; si, au contraire, il vient de *Stod-bod*, l'*h* ne s'impose plus étymologiquement et doit être omise. Mais je ne pose pas le cas d'option entre les deux formes; je suppose l'étymologie *mtho-bod* admise, et je demande si, même dans cette hypothèse, nous devons écrire Thibet.

De tous les éléments du composé tibétain *mtho-bod*, l'*h* est celui qu'il nous est le plus difficile de faire sentir dans la prononciation; disons mieux : cela est impossible. Et nous nous obstinerions à conserver cet élément imprononçable dans un nom dont nous ne reproduisons d'ailleurs ni l'orthographe, ni la prononciation! Que nous écrivions Tibet ou Thibet, nous sommes toujours fort éloignés de *mtho-bod* qui est la forme graphique de ce nom et encore plus de *Theu-peu* qui en est la prononciation reconnue. A quoi bon, je le demande, conserver une lettre que nous ne prononçons pas dans un mot défiguré? Thibet est exactement pour nous la même chose que Tibet; personne en entendant prononcer ce nom, ne se doute qu'il peut s'y trouver une *h*. Evitons donc les complications d'orthographe; laissons de côté cette lettre inutile, rapprochons le plus possible notre manière d'écrire de celle des Orientaux. La simplification et l'unité y gagneront; la langue tibétaine n'en souffrira pas, non plus qu'aucune langue européenne, et la science étymologique ne sera pas lésée.

Appendice.

Pour rendre plus clair ce qui a été dit sur les variations de l'orthographe du mot Tibet avant 1630, je donne la liste des manuscrits et imprimés que *j'ai vus et touchés* avec l'indication de la manière dont ce mot est orthographié dans chacun d'eux.

Manuscrits et imprimés de Marco-Polo, d'Oderic de Frioul, d'Antonio d'Andrada.

Manuscrits.

Marco-Polo.

Paris.

Français (XIVe s.)	n° 1116	Tebet
Français (XVe s.)	n° 2810	Tebet (4 fois) / Thebet (1 fois)
Français (XIVe s.)	n° 5631	Tebet
Français (XVe s.)	n° 5649	Tebet
Italien	n° 434	Tebet
Latin	n° 1616	Thebet
Latin	n° 6244	Tebeth

Stockholm.

Français	Tebet

Würzburg.

Latin M. ch. s. 60	Thebeth (2 fois) / Tebeth (4 fois)

Prague.

Tchèque (Musæum Regni Bohemiæ)   Tebeth.

Oderic de Frioul.

Paris.

Latin n° 2584	Tybot
Latin n° 3195	Thibocht
Français n° 1380 (XVe s.)	Riboth
Français n° 2810	Riboch

Prague.

(De moribus hominum universorum.)

Latin (Bibl. des Metrop. Domcapitels) n° 10   Thebet.

Imprimés.

Marco-Polo.

Italie.

Delle maravegliose cose del   ⎧Chelet
  mondo. Roma (sans date)   ⎨
                             ⎩Tebeth

Delle meraviglie del mondo   ⎧Chelet
  (Venise et Trevise). 1267 (!)   ⎨
                                  ⎩Tebeth

France.

Description géographique des provinces etc. (Paris 1556) Thebeth

Espagne.

Historia de las Grandezas etc. Çaragoça 1601   Tebeth

Allemagne.

Chorographia Tartariæ (en allemand). Leipzig 1611   Thebeth
Marci Pauli Veneti. . . libri tres (latin). Coloniæ branden-
          burgicæ 1671   Tebeth

Antonio d'Andrada.

Espagne.

Descubrimiento del gran Catayo o Reynos del gran
     Thibet . . Segovia 1628   Thibet

Italie.

Relatione del novo scoprimento del gran Cataio overo
Regno di Tibet. Roma 1624   Tibet

France.

Relation de la nouvelle descouverte du grand Catay ou
bien du royaume de Tibet . . . . Paris 1627   Tibet
Histoire de ce qui s'est passé au royaume du Tibet . .
Paris 1629   Tibet

NOTA. Depuis que ce mémoire est écrit, M. l'abbé Desgodins,
dans une communication à la Société de Géographie de Paris,
du 18 Mars 1887, a dit que le mot *Tibet* représente le tibétain
Stod-bod et doit être écrit *Thibet*. Je ne puis que mentionner
ce double avis, en ajoutant que j'ai répondu, le 6 Mai suivant,
pour soutenir l'orthographe *Tibet*. (Compte-rendu des séances de
la Commission centrale, année 1887, p. 174—176 et 267—271.)

Considérations générales sur les études (dites secrètes) de la médecine chinoise, japonaise, indochinoise, etc.

Par

Julien Duchâteau,

Orientaliste-Ethnographe, etc., Secrétaire et Trésorier de l'Athénée oriental de Paris, etc.

Quoique la médecine ait toujours été en honneur chez les Chinois et les Japonais, etc., elle est néanmoins encore chargée de tous les préjugés de nos siècles de barbarie. Elle lui croit des rapports avec les astres et les éléments, et la superstition entre pour beaucoup dans la pratique de cette science utile. Il faut l'avouer, surtout les médecins chinois et herboristes possèdent mieux que les Européens (les nôtres) le secret de connaître une maladie plus ou moins grave à l'inspection des pulsations du *pouls;* ils n'ont pas besoin d'interroger les malades pour leur dire ce qu'ils doivent craindre. Les livres de médecine qu'ils étudient, ne sont pourtant que de *simples herbiers contenant les noms et les qualités de certaines plantes.* Les chirurgiens chinois réussissent quelquefois à rétablir quelques *membres disloqués* et à remettre *quelque fracture;* mais dans les cas difficiles et compliqués ils abandonnent ordinairement les malades au hasard : jamais ils ne font d'amputations ni de saignées.

Tout ce qui peut contribuer à conserver ou à rétablir la santé, appartient de droit à tous les connaisseurs chez tous les peuples, il faut être aussi éclairés qu'ils le sont pour en connaître le prix et pratiquer la médecine avec autant de succès pour le public que de gloire pour eux-mêmes pour en bien savoir l'usage.

L'art de docteur n'a rien de si délicat, et tout ensemble de si nécessaire que cette exacte connaissance de la différence des *pulsations du pouls* ou *poulsologie* et qui remonte à la plus haute antiquité dans l'Extrême-Orient et en Orient, puisque Galien, célèbre médecin grec (131—201 av. J.-Chr.), en Grèce nous en découvre la cause par une *poulsomancie* dans son livre ‚De Pulsibus ad Tyrones‘, et nous découvre en même temps celles de presque toutes les maladies comme dans l'Extrême-Orient chez les Chinois, les Japonais, les Coréens, etc. par une *secretopoulsomancie*.

Hippocrate, son maître, le plus grand médecin de l'antiquité, né dans l'île de Cos en 460 av. J.-Chr., ou pour mieux dire celui dit « le Grand-Maître de toute la médecine », nous fait aussi connaître en plus d'un endroit, combien il est important de s'acquérir cette connaissance *de pulsibus* ou *poulsomancie* pour la maladie à connaître, et que depuis l'antiquité on travaille sur ces principes aux extrémités de l'Orient, au Japon, en Chine, en Corée, etc., et dans l'Indo-Chine, etc., et que ses oracles sont révérés où son nom n'est peut-être pas connu ou peu connu depuis deux siècles, comme si la voix était celle de la *nature* même; et que partout où l'on raisonne bien sur les choses qu'il a traitées, il fallut nécessairement bien raisonner, comme lui le « Grand-Maître médecin », et aujourd'hui il nous incombe de pouvoir contribuer en quelque chose et à sa gloire et à la vôtre Orientalistes, par le présent que vous pouvez faire au public et nous acquitter en quelque sorte des obligations qu'il vous a et que vous aurez dans nos études de l'orientalisme au bénéfice de la science pour tous. Les autres sciences que les Chinois cultivent avec assez de soin sont l'*arithmétique*, l'*astronomie*, la *géométrie*, la *géographie* et la *physique*. Il paraît qu'ils ont calculé les éclipses depuis plusieurs siècles; mais ils n'ont pas fait dans cette science astronomique autant de progrès qu'ils en auraient pu faire, et s'y sont arrêtés dès les premiers pas. Quant à la géographie, s'ils ont des connaissances sur leur empire, ils les doivent principalement aux missionnaires : sur tous les autres pays, ils étaient encore au XVIIIᵉ siècle de l'ignorance la plus profonde, ce n'est que depuis la seconde moitié du XIXe siècle qu'ils ont des connaissances élémentaires sur les autres parties du monde, depuis 1850, et ils le doivent aussi aux missionnaires européens et conquérants. Les éléments des mathématiques leur étaient inconnus avant l'arrivée des missionnaires chrétiens, protestants, juifs, etc., et à peine savent-ils aujourd'hui autant de physique qu'on en savait en Europe en l'an 1500 de notre ère européen, depuis Jésus-Christ.

Aujourd'hui, au sujet de la médecine chinoise, la curiosité et la nécessité en Europe, ont à apprendre par l'orientalisme des connaissances de l'Extrême-Orient, lesquelles sont reconnues être extrêmement utiles et nécessaires pour conserver la santé et celles des autres humains qui tombent entre les mains des docteurs-médecins européens et orientaux, et d'ailleurs ces connaissances et études étant belles, curieuses, faciles et presque inconnues européennement, c'est rendre service à son prochain et aux patries et utile au bien du corps des nationaux de chaque pays, en leur faisant connaître la *secretopoulsomancie* chinoise, etc., c'est-à-dire en leur découvrant les plus secrets que les pulsations du pouls nous tiennent cachées, ou les secrets découverts du *Pulsus humanus*.

Et, en effet, il n'y a rien de plus secret que l'intérieur de l'homme, n'y rien de plus caché, et connaîtra les mouvements du *Pulsus* quiconque voudra acquérir ces connaissances et se servir de certaines règles adoptées et en tirera profit, tout en faisant des études à loisir et ensuite entrer en l'exercice de la médecine même la plus vulgaire et puis toucher plusieurs *pouls* et répéter, lire les règles connues jusqu'à ce que les admirateurs les connaissent bien, alors il n'y aura personne qui puisse sur eux l'emporter; il n'y aura aucune maladie inconnue, n'y altération non découverte, et ils passeront pour des prophètes et de très habiles médecins, si d'ailleurs ils savent appliquer les remèdes convenables aux maladies par eux reconnues.

Ils sauront aussi que, pour donner une assurance aux touches et différences des tons que fait le mouvement du *Pulsus*, il faut avoir la main fort légère, la peau délicate, les esprits

rassis, l'esprit recueilli et quiet et son attention appliquée à cette
unique considération. Il faut aussi que celui à qui on prend le
pouls soit au repos, la main sur un coussin, les bras en liberté;
et partant, détourner tout ce qui peut empêcher le repos et
l'attention de l'un et de l'autre, de celui qui prend le *pouls,*
et de celui à qui on le prend.

De plus, il ne faut pas s'empresser ni se précipiter à prendre
le *pouls* et porter aussitôt son jugement, parce que d'un moment
à l'autre il peut y avoir du changement, et plusieurs *pouls* ne
se produisent pas à l'abord; et puis, pour ne pas errer, et
jouer à l'assuré, il sera toujours bien mieux de prendre deux
fois le *Pulsus,* et trois fois, s'il se peut, en temps différent,
avant que de porter un jugement, et arrêter que c'est telle chose;
que si le mal ne le permet pas, ou si les personnes qui appellent
ne donnent pas le loisir, il faudra laisser passer quelques inter-
valles de temps, et après y retourner prendre le *pouls* avec
leur loisir, toutefois en comptant au moins 25 *compas* ou me-
sures du *systole* et *diastole,* à moins que le mal fut d'abord
très sensible, sans donner lieu de douter de sa cause ou principe.

Dans un certain traité du *Pulsus* on ne se sert point des
termes subtils et usités par les médecins européens, parce que
cet ouvrage ne tient quasi rien de l'Europe, et parce que pour
le rendre populaire on a évité ces termes exquis et de l'art
même de la médecine.

Des principes spéciaux et méthodes dont on se sert pour guérir
en Chine, au Japon, etc., les malades dans l'Extrême-Orient, par
la science de la médecine chinoise, japonaise, tonkinoise, etc.

Il y a plusieurs sortes de médecins à la Chine. [1])

Y-ssée, supérieur des médecins, on peut dire aussi supérieur de la médecine chinoise.

Il est chargé de la direction générale des médecins. Il
rassemble les médicaments les plus énergiques employés dans

---

[1]) Tcheou-Li Liv. V.

l'art de guérir ou *To-yo* 雷 藥, médicaments vénéneux, les substances amères qui sont employées dans les opérations médicales. D'après le *Chou-king,* un médicament ne peut guérir s'il n'est pas désagréable, et il est certain qu'on emploie des substances vénéneuses dans le traitement des maladies de même qu'en Europe.

Toutes les personnes de l'administration du *Pang* (royaume) qui ont des maladies communes, des maux et des maladies de la tête, ainsi que les blessés viennent à lui pour les blessures. Alors il ordonne aux différents médecins de se partager le traitement de ces affections.

A la fin de l'année ou annuellement, il examine les opérations des médecins, pour régler leurs appointements *(chi* 食 *)*. Le premier $\%$ correspond à 10 *guérisons* complètes ou *thsiouen* 全, complet, qui signifie guérison complète, ou à dix traitements complets. Une erreur sur 10 cas est le deuxième $\%$. Ensuite deux erreurs sur 10 cas; trois erreurs sur 10 cas; quatre erreurs sur 10 cas, c'est le dernier degré.

Il y a 5 $\%$ au dessous du *maximum.* Le $\%$ moyen correspond au *Chi,* l'appointement ordinaire. Le supérieur des médecins augmente ou diminue, à partir de ce point, d'après les notes qu'il prend sur les guérisons *thsiouen* et non guérisons.

Le sens de guérison complète par le comm. B au caractère *Thsiouen,* est rejeté par le commentaire Tching-tseu. «Le supérieur des médecins», dit-il, «vérifie seulement si le traitement a été fait avec connaissance de la maladie.» Wang-ngan-chi dit de même : «Il y a des maladies incurables; si le médecin le déclare, et que cela soit vrai, le traitement est complet *(thsiouen).* On ne peut exiger qu'il guérisse.» Le comm. D cite une anecdote d'un médecin qui déclara le prince de Tsin incurable. Le prince Tsin dit que c'était un bon médecin et mourut content.

Chi-y, médecins pour les aliments.

«Il est chargé de combiner la préparation régulière des six aliments végétaux, des six genres de boissons, des six mets principaux, des cent mets délicats, des cent assaisonnements, des huit plats de choix, destinés à l'empereur. Il combine ensemble leurs saveurs. Il règle leurs proportions. Les mets de la table impériale sont préparés régulièrement par l'intendant des mets; le médecin pour les aliments considère ce qui convient aux saisons ainsi qu'à la constitution de l'empereur.

Tsi-y, médecins des maladies simples.

Ils sont chargés de soigner les malaises et les maladies du peuple, plus les deux espèces de maladies *Tsi* et *Ping* sont distinguées par le *Lun-yn.*

Il y a des maladies particulières dans les quatre saisons.

Au printemps, il y a des migraines, des malaises et des maux de tête. En été, il y a des ulcères, des gales. En automne, il y a des fièvres annuelles, des refroidissements. En hiver, il y a des toux, des maladies où la respiration s'élève (catarrhes), étouffements asthmatiques.

Ils soignent et traitent ces maladies par les cinq saveurs, le vinaigre, le vin, le miel, le gingembre, le sel. En effet, le vinaigre représente l'acidité; le vin l'âcreté; le miel la douceur; le gingembre le goût piquant; et le sel le goût salé.

Par les cinq sortes de grains, telles que le chanvre, les deux millets *Cho* et *Tsi*, le blé, le *dolichos.*

Par les cinq substances médicinales telles que les plantes, les arbres, les insectes, les pierres, les grains qui servent à la préparation des médicaments.

Ils examinent, par les cinq sortes d'exhalaisons, par les cinq espèces de sons, par les cinq couleurs, si les malades sont vivants ou morts.

Les exhalaisons proviennent des cinq viscères. Les cinq espèces de sons désignent les cinq notes de la musique chinoise, *Koung, Chang, Kio, Weï, Yu,* l'égal, le fort, le clair, le rapide et le faible. Les cinq couleurs, le bleu, le rouge, le jaune, le blanc et le noir.

Ils font un second examen par les changements des neuf orifices du corps. Ils font un troisième examen par les mouvements des neuf réceptacles.

Ils soignent séparément les hommes du peuple qui ont des maladies. S'il y a mort ou fin de vie, alors chaque médecin écrit par quelle cause cela est arrivé, et remet cette note au supérieur des médecins.

Yang-y, médecins des ulcères.

Ils les attaquent par les cinq substances vénéneuses; ils les fortifient par les cinq émanations ou par les cinq sortes des grains; ils les guérissent par les cinq substances médicinales; ils les tempèrent par les cinq saveurs.

Cheou-y, médecins des animaux; ils leur tâtent le pouls.

Teyyacou, médecins principaux des rois (Chine, Corée, Japon).

Les Chinois ce sont les premiers humains de l'Orient en politique, lettrés, civils, commerçants, et jouissent d'une certaine réputation, celle d'exceller en médecine simple. Quelques Européens en font une grande étude de leur médecine, tant vantée par quelques-uns qui n'en ont pas une entière connaissance.

Il faut avouer néanmoins que leur façon de prendre au malade le *pouls,* tirée de quelques erreurs dont l'origine est de ne pas savoir l'anatomie, car cette science est encore aujourd'hui dans l'enfance, cette méthode ancienne est pour eux plus facile, plus universelle, et plus certaine que celle que donnent tous les maîtres-ès-sciences et docteurs en médecine et chirurgiens, qui ont écrit jusqu'à présent; d'où vient qu'ils surprennent le monde.

Il faut aussi avouer que leurs grandes expériences sont plus anciennes que celles de toutes autres nations orientales et occidentales, puisqu'ils ont écrit sur ce système, il y a plus de 4500 ans. Aussi ont-ils quelques secrets très merveilleux et de certaines expériences, avec lesquels ils font dans tout leur empire des cures vraiment admirables.

On ne peut aussi nier qu'ils sont de très bons *droguistes,* attendu qu'ils ont de fort bonnes drogues médicinales, qui se réduisent à des *racines,* des *herbes,* des *métaux,* et même certains *excréments;* mais le mélange et la composition ne contente pas les occidentaux parce qu'il n'y a point de règle ni de diversité de la part du *droguiste chinois;* tout se coupe par le menu, et se cuit, et la première décoction se cuit ainsi que la seconde, et rien de plus. C'est très simple.

Mais cependant aucun sujet du Céleste Empire ne peut nier :

1° Qu'il n'y a eu ni docteur, ni maître, ni école de médecine dans la Chine jusqu'à présent.

2° Que de tous les livres de leur médecine chinoise, il n'y en a aucun qui ait été écrit soit par un maître ou un docteur en médecine qui donne les préceptes ou les règles de bien opérer.

3° Qu'il n'y a aucun de ces livres de médecine chinoise, qui sont sans fin, et qui donne raison de ce qu'il ordonne, étant fondée en principes de physique ou en discours naturel.

4° Que ce qu'ils ordonnent habituellement, n'étant fondé que sur leur dire, ne peut être fort certain, vu que tous les lettrés auteurs de ces livres chinois ont la particularité remarquable de se contredire les uns les autres.

5° Que leurs récipés [1]) ou recettes, étant universels pour toutes sortes de personnes de n'importe quel âge, qualité et tempérament que ce soit, ne peuvent être pour tous efficaces, et également certains.

6° Que la médecine parmi les Chinois étant un métier qui s'apprend dans la boutique d'un *droguiste* n'est pas digne d'être estimée par les occidentaux, comme en effet elle ne l'est pas.

7° Qu'il ne faut pas s'étonner, si ensuite tous les *médecins-droguistes* se hasardent depuis l'antiquité à écrire, et dire puis certifier que la *cannelle,* cette sorte d'épice, écorce odoriférante d'un *arbre d'Amérique,* et les abricots ont du poison, et que le *noyau* des *abricots* tue le monde. Que les *clous* de *girofle* sont humides ainsi que le *poivre,* que le *miel* et la *myrrhe* sont fort tempérés. Et ce qui est plus bizarre que les *femmes* ont le *cœur du côté gauche,* que les humains des deux sexes ont le foie du côté gauche, et que pour bien des choses connues ci-dessus

---

[1]) Mot qui signifie «prenez», et par lequel un médecin commence son ordonnance (l'ordonnance elle-même).

elles sont passées effectivement à l'état de légendes chez les peuples européens.

Puis pour bien connaître la maladie de son malade qu'en prenant le pouls il faut surtout avoir égard au *vent*, peser son *doigt*, et compasser le *pouls d'autrui* avec sa respiration, etc. Lesquelles choses et autres sans fin on peut lire dans leurs livres de médecine, d'où l'on peut colliger si vraiment la médecine chinoise peut passer en Occident et être bien reçue en Europe; toutefois voici brièvement les principes sur lesquels ils se fondent en leur manière de se traiter.

L'unique et principale intention des médecins-droguistes chinois, dans leurs cures, est de reformer le *pouls,* et le rétablir dans son bon état, ce qu'ils prétendent faire :

1° Par *évacuations* par les moyens de sueurs, vomissements, et, principalement, par une diète rigoureuse, ne donnant aux malades qu'un peu de *riz* pour nourriture et pour boisson de *l'eau de riz;* et quelquefois les faisant *jeûner* souvent l'espace de 8, 10 et 15 jours avec une boisson d'*eau pure*, ou une *eau cuite* avec des *réforts* ou raiforts antiscorbutiques, stimulants et digestifs.

2° Par une *restauration,* tâchant par leurs décoctions de rétablir le pouls principalement, rappeler les esprits, et enfin restituer la chaleur ou l'humide radical.

Il est à noter qu'en Chine les médecins, droguistes et chirurgiens ne se servent nullement de saignées, ce qui est admis en Europe comme eux depuis 30 ans, et qu'ils usent bien peu de purgations, parce qu'ils croient que la chaleur du corps ne se diminue point pour soustraire au corps quelquechose, non plus qu'une eau chaude ne perd pas de sa chaleur pour lui tirer quelque partie de sa quantité. Nous faisons le contraire en Europe pour les malades que nous voyons affaiblis par les purgations trop souvent répétées, mais il est vrai que les malades occidentaux n'ont pas le même sang, ni la même chaleur et la même force du sang asiatique pour supporter bien des variations des saisons et climatologiques.

Maintenant si nous considérons les avantages de l'art médicamentaire et des principes de la médecine chinoise et japonaise, en nous instruisant par curiosité en qualité d'européens orientalistes-ethnographes, etc., nous remarquons dans l'Extrême-Orient, que les Japonais fondent leur médecine sur ce principe, que tous les maux et douleurs qui se saisissent du corps humain, lui viennent du *Ki*, c'est-à-dire des esprits du *feu*, de l'*eau*, de la *terre*, et de l'*air*, lesquels ou ne peuvent pas sortir, ou ne sont point dans leur lieu naturel; et partant ils ont cherché des issues à ces esprits et déterminé dans toutes les parties du corps certains lieux par où peuvent sortir ces esprits, étant retenus en tel et tel endroit, puis là ils appliquent un petit peloton (ventouse) qu'ils font des feuilles sèches de l'*absinthe silvestre*, auquel ils mettent le feu, et en se consumant va échauffant, et finir par brûler la peau, laquelle étant brûlée, fait *escarre* qui tombe et laisse une ouverture ou plaie par où sort l'*humeur* ou le *Ki*, qui causait une grande douleur sur ce même endroit; quelquefois ils appliqueront 7, 9, 15, 30, 100, 200 et 500 de ces pelotons (ventouses) ou boutons qu'ils appellent le feu, c'est-à-dire *boutons de feu*.

Mais parce que dans les entrailles et les intestins ce dit *Ki* est parfois aussi retenu, et qu'il n'y a point d'issues par où il puisse sortir, en raison de ce qu'il est quelquefois trop profondément pénétré, et que les issues que la nature nous a données ne suffisent pas, alors ils se servent en chirurgie d'une grande aiguille d'argent qui a la pointe émoussée, laquelle ils s'efforcent de rouler avec une rapidité étonnante entre deux doigts et, répétant le mot *pharé*, *pharé*, mot prononcé aussi par les Bohémiens de l'Inde et de l'Egypte, la font entrer peu à peu jusqu'au plus profond intérieur où semble être le *Ki*, lequel alors trouvant issue, sort aussitôt et fait cesser la douleur.

Mais dans les autres usages de leurs médicaments, ils se conforment aux Chinois. En Europe, il suffit d'une feuille de papier brûlante sous un verre pour faire faire ventouse.

D'un autre côté des systématiques orientaux ont des méthodes particulières de traiter les malades et de guérir dans l'Asie extrême chez quelques peuples avec un bien vif intérêt. Chez ces Asiatiques nous remarquons aussi quelques méthodes de traiter les malades et de guérir dans l'Extrême-Orient. En voici quelques-unes bien particulières à quelques peuples de l'Indo-Chine spécialement connues. Les Malais ou Maloyos, qui sont tous ces peuples qui parlent la langue de Malaca, traitent leurs malades d'une façon bien étrange; car ils tiennent pour chose infaillible que la *chaleur* est amie de la nature, et le seul *froid* son plus cruel ennemi; et partant qu'il faut bien prendre garde de le laisser entrer dans le corps pour y faire les ravages mortels, et dans cette intention pour le chasser c'est pourquoi ils mangent sans cesse une feuille appelée *berle* avec de la chaux et de l'*aréca* (fruit sec de ce nom), et il est certain que tout ce composé avec toutes ses parties désignées est extrême-ment chaud et sec; et cependant ils ont toujours ce morceau dans la bouche.

Une autre fois s'ils se trouvent trop échauffés, alors ils se lavent le corps, en jetant des sceaux d'eau froide sur leur tête; et s'ils se trouvent trop en état de débilité, ils se frottent et se couvrent le corps de quelques drogues tempérées qui bouchent les pores du corps, par lesquels sortent les *esprits,* et font entrer le *froid.*

Par contre, ils ont des médecines si chaudes, que d'appli-quer une heure sur le viscère situé dans l'hypocondre gauche, entre l'estomac et les fausses côtes (la rate) une écorce d'un certain arbre, c'est assez pour vous griller la rate, et, chose singulière, avec les mêmes douleurs ressenties que si elle était sur les *braises en feu.*

Ils se servent beaucoup d'effrégations pour toutes sortes de douleurs, et pour le dégoût, et pour relever l'appendice charnu, de la forme d'un grain de raisin pendant à l'extrémité du palais, à l'entrée du gosier que nous nommons la *luette.*

Les Timors ont une autre manière de faire, suivant certains principes, pour se guérir, parce que s'ils se sentent avoir *frisson de la fièvre,* ils s'étendent devant un *feu* de leur longueur, et se tournent et grillent d'un côté et d'autre jusques à ce que le froid soit passé, et puis, quand le *chaud* entre dans les pores du corps, ils s'en vont vite au puits, et versent de l'eau sur leur corps, jusqu'à ce que la chaleur se tempère selon leur force à la supporter.

Les Sumbas sont plus avisés, car pour ne pas tomber malades, et afin que le mal ne leur entre point dans le corps, ils mâchent le *fruit de la palme,* en tirent de l'*huile,* s'en frottent bien, et se rôtissent volontiers après cela au plus fort de la chaleur du soleil quelquefois deux ou trois heures par jour autant qu'ils peuvent la supporter.

Les Cambodgiens ou Cambojas font encore mieux, parce que s'ils tombent malades, ils sont prévoyants comme en Europe, ils amassent toutes les choses et plantes médicinales qu'ils connaissent, en remplissent ordinairement un grand pot, font cuire le tout avec de l'eau, et ils boivent la décoction; et si après ce breuvage bizarre ils ne se trouvent pas guéris, ils appellent les Talopoins pour conjurer le diable, et le faire mettre hors de la maison et du corps maladif; mais pour cela il leur faut tant de pourceaux, tant d'habits, tant d'argent, tout autant qu'ils demandent, et si le malade ne guérit pas, c'est, disent-ils, pour avoir donné trop peu aux Talapoins ou Talœpois qui ne sont autres que les prêtres païens du royaume de Siam et du Pégu et qui forment une espèce de corporation de moines mendiants dans l'Extrême-Orient.

Il y a dans le Tonkin, Tumkin ou Tong-King, une grande nation de montagnards, laquelle habite un pays fort malsain, ils ne se guérissent pas avec autre chose que de l'eau; s'ils ont *froid,* ils se plongent dans l'eau *chaude;* et s'ils ont *chaud,* dans l'*eau froide,* et en boivent pour le même effet.

Quel contraste, en Europe c'est quelquefois fatal de boire trop froid lorsqu'on a chaud.

Les Cochinchinois sont aussi fort remarquables pour leur système, en ce que se sentant malades de quelque mal que ce soit, ils s'en vont chercher un médecin, et prennent la médecine ordonnée ou le *récipé;* et s'ils ne se guérissent pas aussitôt, ils s'en vont à un autre médecin, puis encore à un autre, et c'est ainsi qu'ils meurent souvent pour se remplir de diverses médecines.

Il reste beaucoup de curiosités dans ce sens à ajouter et des choses rares trouvées, remarquées, observées et traduites des livres anciens et modernes dans cet Extrême-Orient, mais avec le temps les orientalistes ne permettront plus la brièveté dans l'intérêt général de la science de l'orientalisme et des connaissances humaines pour tous, de l'hygiène et de la santé pour une longue vie.

Observations et quelques façons des droguistes-consultants de médeciner de la race jaune de l'Indo-Chine.

Comme les Hottentots, les Touaregs, les Maltais, les Canaques et quelques singes sont *phthiriophages* les Annamites français et cochinchinois, car ils mangent leur propre vermine, et cette nourriture incombe souvent des maladies causées par des désordres très graves dans l'organisme humain et engendre aussi la *phthiriase,* cette maladie pédiculaire très souvent *mortelle;* puis des fièvres, des douleurs intestinales, la dyssenterie, et, pour combattre le mal, ils emploient l'écorce du *Haôfach,* et celle du *Couden,* et tâtent le *pulsus* avant, pendant et après la potion.

1° Le *Haôfah* guérit les coliques et la diarrhée.

2° Le *Couden,* par son écorce, guérit plus spécialement les fièvres.

Ces indigènes préparent ces deux remèdes de cette façon:

1° Par la torréfaction en usage chez eux, ils torréfient très légèrement la *racine,* et au moyen d'un simple morceau de poterie ou d'un autre corps rugueux, la râpant dans une infusion de *thé;* attendu que ce liquide sert en même temps à la détremper et à *laver* le corps du maladif sur lequel ils frottent. La quantité d'infusion de thé qu'emploie l'Annamite ou le Cochinchinois pour cette opération est d'environ 35 à 45 grammes. La quantité de racine dont ils râpent l'écorce du *Haôfah* et celle du *Couden* pour la préparation de la potion peut être évaluée, pour une *racine* un peu plus grosse que le pouce, à 5 centimètres ou 6 de longueur. Le tout est préparé par des *droguistes-consultants* ou sur l'avis des *médecins consultatifs.*

Souvent on répète cette potion 3 ou 4 fois dans l'espace de 24 heures, c'est-à-dire de 6 heures en 6 heures ou de 8 heures en 8 heures, ou de 3 heures en 3 heures pour 4 potions dans le jour ou de 4 heures en 4 heures pour 3 potions du lever au coucher du soleil (pendant 12 heures) seulement.

La récolte de ces racines se fait à partir du mois de mai à novembre inclus, c'est-à-dire aux saisons et époques où ces arbres ne produisent plus aucune fleur et ne rapportent plus de fruits.

L'écorce du bas de la *tige* peut être également employée dans les mêmes circonstances, mais elle a moins d'activité sur les malades que celle de la *racine*. Les *droguistes-consultants* chinois ont aussi la prétention de bien connaître la *diastolique*.

Les Annamites, les Cambodgiens, les Moïs, les Siamois, les Laotiens, les Pégouans surtout, les Tonkinois de même que les *Célestials* de l'empire des Célestes Chinois, possèdent un certain nombre de recettes plus ou moins médicales efficaces. Il est toutefois très malaisé d'en surprendre les secrets et par conséquent d'en prendre une connaissance parfaite, tous ces indigènes comme aussi d'autres Asiatiques, tenant très soigneusement leurs moindres secrets *médicinaux* et *médicaux* hors la portée des étrangers et surtout des Européens.

2° Chez les peuples *sinicos* la *Tomotocie* appliquée en Europe ne se pratique pas par la race jaune comme chez la race blanche, c'est-à-dire l'*opération césarienne* ou *tomotocique* qui consiste à faire l'accouchement laborieux à l'aide d'incision ou l'action de l'*incidérer*. Ils ont horreur de cette application romaine scientifique de 20 siècles pour la délivrance des *Congaïes* (femmes) et sauver le nouveau-né, ils comptent sur la nature, aussi la mortalité est grande à ce sujet, la délivrance naturelle n'étant guère possible pour les *Moutattios*, le Malayo, le Javanais et l'Indien mahométans, comme dit l'Arabe.

Tous ces peuples *indo-chinois* et *sinicos* ont pour médecins locaux assez souvent des *Médicomanes* ainsi que des sorciers-droguistes qui ont la manie de se mêler de médecine; et veulent en toute circonstance conseiller ou administrer des remèdes comme autrefois en Europe au Moyen-âge, de là la légende *Remèdes de bonne femme*, lesquels cependant ont une certaine efficacité quelquefois dans l'Europe orientale de nos jours et les dits remèdes inscrits aux *Codex*. Mais à la Chine et au Japon, en Corée etc. et en Cochinchine annamite et française la *Médicomanie* existe sur une grande échelle : pour eux, c'est une véritable passion de *médicamenter*, de faire de la *médecine*, ils ont, du reste, l'habitude et l'idée de se croire *médecins*, *droguistes-consultants* et de pouvoir se mêler de *médiciner* sans être en état de soigner méthodiquement, scientifiquement et très convenablement les malades, lesquels finissent de passer de vie à trépas à force des drogues prises en abondance. Le commentaire A. et annamite dit que 舍 *ché*, signifie *ôter*, *enlever la maladie*. Le commentaire B. et birman l'interprète par *arrêter la maladie*. (Tchaou-li, livre XXVIᵉ.)

Dans l'Extrême-Orient et surtout en Chine on compte 30 espèces ou différences de pouls donnant des pulsations diverses pour la *poulsomancie*, l'état et les guérisons des malades :

1° Première espèce ou différence de pouls, qui est le superficiel.

2° Deuxième espèce ou différence de pouls, qui est le profond ou enfoncé.

3° Le lent ou tardif.

4° Le pouls vite et pressé.

5° Le boursoufflé ou vide.

6° Le pouls solide et massif.

7° Le gros.

8° Le subtil.

9° Le pouls résonnant.

10° Le lâche ou relâché.

11° Le pouls arrondi.

12° Le raboteux.

13° Le long.

14° Le court.

15° Le grand ou élevé.

16° Le petit ou abattu.

17° Le bandé ou tendu.

18° Le pouls faible.

19° Le pétillant.

20° Le caché.

21° Le précipité.

22° Le lié.

23° Le pouls enflé.

24° Le suffoqué.

25° Le raréfié ou évaporé.

26° Le pouls dur.

27° Le renforcé.

28° Le délié.

29° L'intermittent ou changeant.

30° Le dissipé ou trompeur.

De la connaissance des pulsations adoptées par la médecine chinoise pour connaître l'état de la santé des enfants.

Étude des pulsations à remarquer chez les enfants en bas âge et l'art de la secretopoulsomancie; enfantiné par 26 jugements ou opinions divers.

Les enfants jusqu'à l'âge de trois ans, n'ont point sur le bras de pouls arrêté, sur lequel on puisse former définitivement un jugement, c'est pourquoi il leur faut prendre le pouls entre le pouce et l'index, et de plus bien observer les lignes des doigts, et voir de quelle couleur elles sont dans les *trois ordres* de jointures, et conforme à la couleur, on forme le jugement et découvre l'intérieur de l'être humain.

1° La *couleur violette*, découvre qu'il souffre du froid.

2° La *couleur pourpre*, c'est-à-dire de cette nuance ou *couleur rouge* que les Anciens extrayaient d'un coquillage et dont la *couleur* est aussi d'un *beau rouge foncé*, comme le *pourpre du teint;* est signe d'une maladie dangereuse qui se manifeste par de petites taches rouges sur la peau, ce qu'on nomme vulgairement *avoir le pourpre* en Europe; donc, si le *pouls* est *pourpré* ou de couleur pourpre, il est atteint de la *fièvre pourprée,* fièvre enfantine très dangereuse dans laquelle le corps est couvert de petites taches de *couleur pourpre,* dans l'Extrême-Orient comme en Europe découvre aussi qu'il souffre du froid.

3° La *couleur bleue,* montre que c'est de crainte qu'il souffre.

4° La *couleur blanche* signifie que c'est d'oppression qu'il souffre.

5° La couleur dite incarnate (d'une couleur entre celle de la *cerise* et celle de la *rose* [l'incarnat]) dénote que l'enfant est très pressé et tourmenté.

6° La *couleur noire* dans le *premier ordre* des lignes des jointures des doigts, n'est pas à craindre, malgré que cette *nuance* est celle la plus opposée au blanc.

7° La *couleur noire de jais,* dans le *deuxième ordre* est un indice de toux.

8° La *couleur noire d'ivoire,* comme celle obtenue par la carbonisation des débris de l'ivoire, dans le *troisième ordre* est un mauvais signe, qui déclare que l'enfant est en grand danger de mort.

9° La *couleur noire de fumée,* qui est celle d'une espèce de *sucé* produite par des résines brûlées et qui sert à divers usages dans les arts à la Chine, etc., est aussi un mauvais signe d'une courte maladie dangereuse pour l'enfant.

10° De trois ans en avant, on peut toucher le *pouls* aux petits enfants, et en chaque touche bien observer si au bout de six ou sept battements le compas de l'artère croît ou décroît : s'il croît, c'est la *chaleur* qui prédomine; s'il décroît, c'est la froideur qui domine.

11° Si le *pouls* de l'enfant est chaud, pressé et superficiel, c'est une marque de folie originée d'un lait trop chaud et trop recuit.

12° Si le *pouls* de l'enfant est chaud, très pressé, vite et superficiel, c'est aussi une marque et quelquefois sûrement signe d'obstruction dans les intestins.

13° Le *pouls raréfié* ou *évaporé* est un indice d'une crainte soudaine.

14° Le *pouls bandé,* est un indice de la folie.

15° Le *pouls bandé* et *très solide* est un indice d'une tendance très certaine à la folie.

16° Le *pouls bandé* et *résonnant,* montre une douleur de ventre.

17° Le *pouls résonnant* et *pressé,* dit désunion des esprits.

18° Le *pouls dur* et *solide,* déclare stipticité du ventre.

19° Le *pouls profond* et *délié,* découvre du froid.

20° Le *pouls élevé* et tantôt *abattu* déclare insuffisance des esprits principaux.

21° Le *pouls* tantôt *abattu,* tantôt *relâché,* tantôt *profond,* tantôt *délié,* est un signe de dégoût et d'indigestion.

22° Le *pouls troublé,* montre que le corps est échauffé, d'où s'ensuivent sueurs, vomissements, dégoûts, abstinences, grattelle ou petite gale (maladie de peau), feu volage.

23° Le *pouls suffoqué,* déclare du vent retenu et caché.

24° Le *pouls lié,* dénonce qu'il va faisant un amas d'humeurs, etc.

25° Le *pouls délié,* découvre une maladie de *singe,* par laquelle l'enfant va se séchant, s'étiolant, tombant en étisie, souffrant de cet amaigrissement extrême du corps, résultant d'une maladie chronique et par conséquent étique, c'est-à-dire maigre, décharné.

26° Quand on observe par le *pouls* un accroissement de chaleur, ou de refroidissement, si l'enfant n'a pas encore eu le *sarampo,* ce sera un avant-coureur; que s'il l'a eu, on fera un autre jugement conforme au susdit.

Des pulsations du pouls chez les femmes et des règles particulières consistant en sept observations dans la médecine chinoise.

1° Le *pouls* des femmes dans la troisième touche, de quelque côté que ce soit, est toujours plein au contraire des hommes.

2° Le *pouls* des femmes de la main droite, est toujours plus élevé que celui de la main gauche, où le *pouls* est *enflé* et *superficiel.*

3° Le *pouls* de l'estomac des femmes est *subtil* et *raboteux,* et celui du *foie* parfois *vite* et *profond* (cause de sécrétion de bile).

4° Le *pouls* de la femme hors de *maladie* et des *menstrues,* qui est *réglé, droit* et *profond* et *gros,* et de celle qui est enceinte.

5° Le *pouls* en la troisième touche *pressé* et *déréglé* est un indice qu'elle s'est délivrée, ou qu'il y a longtemps qu'elle n'a conçu.

6° De la main gauche le *pouls gros* et *élevé,* fait découvrir qu'elle est enceinte d'un garçon (enfant mâle), ou genre masculin.

7° De la main droite le *pouls profond* et *solide,* découvre que c'est un enfant femelle (une fille), ou genre féminin.

De certains termes et notions vulgaires et plus universellement admis de la médecine chinoise et connus pour la secretopoulso-mancie dans l'Extrême-Orient.

On compte 22 termes et notions vulgaires reconnus :

1° Le *pouls* qui, par ses pulsations, se meut, comme fait un serpent en doublant le corps, dénote ventosités en quelque part qu'il soit.

2° Le *pouls* qui comme un geai, en latin *graculus,* se meut avec inquiétude, tantôt d'une façon, tantôt de l'autre, et deçà et delà, découvre une crainte soudaine.

3° Le *pouls* qui se meut comme une *grenouille* hors de l'eau, en sautillant, et s'arrêtant après quelques sauts, déclare un *flegmon* (ulcère du tissu cellulaire) et *chaleur.*

4° Le *pouls* qui se meut comme *poule* et *canard,* vire deçà, vire delà, déclare aussi *chaleur* et *flegme* (humeur aqueuse qu'on rejette en crachant, en vomissant).

5° Le *pouls* qui se meut comme une perdrix qui court un peu et puis s'arrête et se cache tout à coup, est signe de mort infaillible.

6° Le *pouls* qui sonne comme les cordes d'une guitare, plusieurs sons et divers l'un après l'autre, signifie *chaleur,* froid, et *flegme* (jouissant d'un tempérament flegmatique).

7° Le *pouls* qui se meut comme font les moineaux sautillant d'une traînée, et puis pausant un peu, dénote un lymphatique par le flegme et cordure dans le ventre, ou immondices, pour mieux dire.

8° Le *pouls* qui se meut comme une queue de cheval qui chasse les mouches, procède de dissipation ou désunion des esprits dans les veines inférieures.

9° Le *pouls* qui se meut à la façon des *fourmis,* et touche le doigt qui pince l'artère, comme elles font le corps, picotant plusieurs à la fois subtilement, et que les maîtres de la médecine appellent *pulsus formitans,* et tel pouls est d'un homme qui s'en va mourant.

10° Le *pouls* qui se produit par des battements interrompus, toutefois égaux, mais sans différence entre la *systole* et la *diastole,* dénote quelque humeur glacée qui s'insinue dans les veines; et si la maladie est grande, c'est un mauvais signe.

11° Le *pouls pétillant* est signe de chaleur.

12° Le *pouls vif* et *délié* est signe d'un caractère flegmatique.

13° Le *pouls* froid et délié, est signe de froid et de flegme, de la nature du flegmon, nature flegmoneuse.

14° Le *pouls* chaud est signe de chaleur.

15° Si le *pouls* s'en va diminuant et raffinant sensiblement, il dénonce la mort dans moins de huit jours ou dix, à tout rompre.

16° Si le *pouls* va s'engrossant ou s'engrossissant, c'est signe d'accroissement de chaleur, qui est enracinée dans les veines qui sont sous le nombril (dans la petite cavité au milieu du ventre).

17° Si le *pouls* est tantôt froid, tantôt chaud, c'est signe de flegmes et d'un flegmoneux.

18° Si le *pouls* des fébricitants, va et vient aussi bien que la fièvre, et sans sueur, la fièvre ne sera de durée, et son foyer est fixé dans les veines supérieures.

19° L'homme qui vient de dormir et de s'éveiller a le *pouls* élevé et piquant.

20° L'homme qui est à jeun a le pouls vite et pressé.

21° L'homme qui a l'estomac plein de viande a le *pouls* très gros et lâche.

22° La femme qui est enceinte a le *pouls* quiet, chaud et gros.

Il faut observer que ces termes et notions plus universelles et grossières, et proportionnées à la portée de ceux qui ne sont pas beaucoup lettrés et de mémoire, ne contredisent pas et ne dédisent pas les règles de la médecine chinoise, japonaise, etc., mais seulement les confirment, et en déduisent plus plausiblement — *Pulsus pedum.*

Les pronostics de la poulsomancie et de la facéomancie à l'égard des malades, appréciés de la médecine chinoise. La poulsomancie et les poulsomanciens chinois.

Dans la médecine chinoise il y a 24 pronostics pour la poulsomancie ou *pulsibus,* et 27 pronostics pour la facéomancie ou résumé général des prédictions faites principalement aux maladifs en l'art prétendu de deviner, de prédire par l'inspection du pouls, la bonne ou la mauvaise santé.

1° Le premier pronostic de la poulsomancie est celui où le malade qui a le pouls d'un humain sain, est hors de danger, comme au contraire, l'homme sain qui a le *pouls* d'un humain malade, n'échappera pas à une maladie mortelle.

2° Le pouls qui se montre au dehors et rien au dedans, est mortel.

3° Le pouls qui frappe le doigt qui le touche, de même façon que feraient des grains d'orge ou de riz agités et bouillants dans une marmite de petite grandeur, est sûrement mortel.

4° Le pouls dont les battements viennent tout à coup, et comme en troupe, à la manière d'une volée d'oiseaux ou de pigeons ramiers, ou d'un troupeau de chevaux mongols, est aussi mortel.

5° Le malade qui saigne du nez, doit avoir le pouls subtil et profond; vite, et s'il l'a grand, tiré et nageant, il en mourra.

6° Le pouls qui frappe le doigt et de même que font les gouttes de pluie, qui tombent d'un toit goutte à goutte, une à une, en s'arrêtant un peu, et tournant à couler et tomber, est aussi mortel.

7° Le malade qui d'ordinaire ferme les yeux et a le pouls rare, court, plongé ou nageant, est mortellement dangereux.

8° Le malade qui d'ordinaire a les yeux ouverts et avec cela a le pouls vif, profond et petit, est aussi mortellement frappé.

9° Le malade qui tombe en folie ou frénésie, doit avoir un pouls grand, qui transborde ou regorge, et doit aussi avoir le corps chaud; mais s'il a les pieds glacés et les mains froides, avec le pouls subtil, profond et petit, il en mourra.

10° Le malade de dyssenterie doit avoir le pouls subtil et petit; et que s'il l'a bandé, vite et grand, il n'échappera pas.

11° L'homme gras et obèse doit avoir le pouls petit et subtil, comme un filet de soie, mais alors, s'il est ardent et intermittant, il ne vivra pas longtemps.

12° Le pouls qui donne son coup sanglotant, comme qui tire un sanglot des entrailles, dénote que les esprits vont en défaillant.

13° Le pouls qui frappe le doigt par des battements semblables à ceux des feuilles sèches, qu'une bouffée de vent dissipe çà et là, montre que les esprits du foie vont manquant, et que la personne tombera en défaillance, quand les feuilles tomberont.

14° Le pouls qui frappe avec peine pour être obstrus et obsédé dénote chez le malade que les esprits de la basse région tombent en défaillance, et que le patient mourra lorsque les pruniers perdront leurs feuilles.

15° Le pouls qui frappe le doigt qui le touche, du même ton que feraient des boules de terre grasse encore molles, veut dire que le ventre perd son tempérament.

16° Le pouls qui bat à côté, s'il se trouve à la première touche de l'un ou de l'autre côté, signifie qu'il sort du sang par le nez ou la bouche; s'il se trouve à la deuxième touche, signifie qu'il sort du sang par la voie de l'urine, s'il se trouve à la troisième touche, il signifie qu'il sort du sang par la voie des tumeurs qui se forment autour de l'anus, et qui, ordinairement, laissent échapper du sang et qu'on nomme des *hémorroïdes;* toutefois, il faut bien observer, qu'en ces cas la pulsation doit être toute à côté, et rien au milieu.

17° Le pouls qui donne son coup en travers du bras et de la veine artérielle, marque grand excès d'esprits bilieux, qui causeront la mort quand le blé sera mûr.

18° Le pouls que l'on sent donner son coup tout de même que ferait le contre-coup d'une corde bandée et touchée, découvre que le cœur va perdant son bon tempérament, d'où la mort s'ensuivra au temps de pluie.

19° Le pouls qui représente une fontaine bouillante, est la marque d'une chaleur excessive et ardeur extrême des esprits, est à considérer instantanément comme principes de mort.

20° Le pouls qui frappe le doigt, tout comme ferait un ballon de vent, montre défaut d'esprits, et si avec cela il y a sur le visage une couleur noire ou azur, ou blanchâtre, la mort ne tardera.

21° Le pouls traversé, paraissant et disparaissant, est une marque de défaut de chaleur, d'où la mort s'ensuivra en automne, si ce n'est qu'un mal habituel ou que quelque accident ne la fasse hâter.

22° Le pouls mouvant comme un perdreau qui court un peu, et qui s'arrête et se cache tout à coup, est signe de mort infailliblement.

23° Le pouls mouvant à la façon des petits insectes qui vivent sous terre en société, les *fourmis,* et touche le doigt qui pince le vaisseau qui porte le sang du cœur aux extrémités, l'artériole ou l'artère, comme elles font le corps, picotant plusieurs à la fois subrepticement et subtilement, et que les grands docteurs en médecine appellent avec raison *pulsus formitans,* et tel pouls est d'un homme qui va mourir.

24° Si le pouls s'en va en diminuant et en raffinant très sensiblement, il dénonce pour dans moins de huit jours ou dix jours au plus à tout rompre dans la vie, c'est la mort certaine.

Appréciation de la médecine chinoise des pronostics de la facéomancie à l'égard des maladifs. La facéomancie et les facéomanciens chinois, ou l'art prétendu de deviner, de prédire par l'inspection de la face humaine l'état d'une bonne ou mauvaise santé.

Les 27 pronostics des prédictions faites sur la face principalement sont considérés dans la médecine de l'Extrême-Orient et primitivement en Chine, et l'Indo-Chine.

7**

1° La face azur et les yeux rouges, ou noirs, ou blanchâtres, est un signe de mort.

2° La face noire et les yeux blancs, ou la face rouge et les yeux azurs, dénoncent la mort au bout de six jours.

3° Paraissant sous les yeux un trait ou une ligne azur, c'est un signe de mort.

4° Les yeux, la bouche, le nez, et les oreilles noirâtres, sont tous signes mortels.

5° La face noire et les yeux azurs, n'est point un signe tout à fait funeste.

6° La face jaune et les yeux azurs, dénoncent la mort au bout de neuf jours.

7° La face rougeâtre et les yeux blanchâtres, au bout de dix-neuf jours annoncent le terme de la vie.

8° La face blanchâtre, et les yeux aussi en même temps, c'est des avant-coureurs de la mort.

9° La face azur et les yeux jaunes est un indice de mort au bout de cinq jours.

10° La face plombée hors de coutume, fourrier de la mort.

11° Les yeux obscurs et troublés plus qu'à l'ordinaire, avec les dents noires, déclarent que le mal n'a point de remède.

12° Les yeux, les joues, et les oreilles rougeâtres, sont autant de marques que la mort s'approche, et si cela ne vient pas de quelque cause accidentelle, qu'elle arrivera au bout de cinq jours.

13° La face en même temps noire et azur est un indice certain de mort.

14° La face noirâtre et la vue de travers, sont des approches de la mort.

15° La face noire et les lèvres azurées, sont des signes mortels; comme au contraire, la face azur et les lèvres noires sont des signes de mort.

16° Si la prunelle des yeux s'est enfoncée, le malade perdra la vie au bout de sept jours.

17° Les ongles azurs, ou noirâtres, ou transparents, et montrant la chair, dénoncent la mort au bout de huit jours.

18° La paume de la main enflée et couvrant les lignes de la main, est un signe véritable de la mort du malade.

19° Le nombril s'enflant et se désenflant presque subitement, certifie soudainement la mort prompte.

20° La langue enflée *ovoïde*, c'est comme un œuf, est celle d'un moribond.

21° Les lèvres enflées et les dents brûlées, sont signes de mort.

22° Les cheveux bien hérissés comme une étoupe, sont livrées de mourant.

23° Le malade étant de naturel très colérique, et ayant les cheveux secs comme une étoupe, s'en va *avoisinant* à la mort.

24° Le cuir chevelu et la peau noire à qui a mal au foie, est un indice mortel.

25° Les yeux noirs à qui le cœur fait mal, dénoncent la mort au bout de quinze ou vingt jours au plus.

26° Les lèvres azurs à qui souffre de l'estomac, avertissent de la mort.

27° Le visage couleur noir ou couleur bleue (azurée) de l'atmosphère, ou très blanchâtres, est un signe précurseur que la mort ne tardera pas à venir pour le malade.

Et nous disons avec Tacite : *Pulsum venerum attingere, tâter le pouls.*

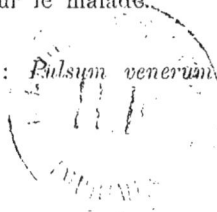

Inhalt.

Seite

Einige Zeugnisse für die Verwandtschaft der ältesten Bewohner Vorderasiens mit den Iberern Spaniens, den Vorfahren der Basken, von
Ernst Bonnell 1

Ueber unsere gegenwärtige Kenntniss der Sprachen Oceaniens, von
Robert Needham Cust, LL. D. 17

Prolegomena zu einer neuen Ausgabe der nestorianischen Inschrift von
Singan fu, von Dr. Joh. Heller, S. J. 37

Une page de la littérature impériale de la Chine. Édits de l'Empereur
Shi-tzong-hien (Yong-tcheng), par C. de Harlez 49

Étymologie, histoire, orthographe du mot Tibet, par M. Léon Feer . . 63

Considérations générales sur les études (dites secrètes) de la médecine
chinoise, japonaise, indo-chinoise, etc., par Julien Duchâteau . . 83

Verlag von Alfred Hölder, k. k. Hof- und Universitäts-Buchhändler,
Wien, I., Rothenthurmstrasse 15.

Zeitschrift, Wiener, für die Kunde des Morgenlandes. Herausgegeben und redigirt von G. Bühler, J. Karabacek, D. H. Müller, F. Müller, L. Reinisch, Leitern des Orientalischen Institutes der Universität. Preis eines Bandes von vier Heften M. 10.—.

Colizza, Giovanni, Lingua 'Afar nel nord-est dell' Africa. Grammatica, testi e vocabolario. M. 6.—.

Müller, Dr. Friedrich, Professor an der Universität, Mitglied der kais. Akademie der Wissenschaften, Mitglied und d. Z. Vice-Präsident der Anthropologischen Gesellschaft in Wien u. s. w., **Grundriss der Sprachwissenschaft.** Drei Bände. M. 47.40.
Gebd. in 5 Halbfranzbände M. 53.40.

Hieraus einzeln:

Band I. 1. Abtheilung. Einleitung in die Sprachwissenschaft. M. 3.60.
" I. 2. " Die Sprachen der wollhaarigen Rassen. M. 5.60.
" I. complet M. 9.20, gebd. M. 10.40.

" II. Die Sprachen der schlichthaarigen Rassen. — 1. Abtheilung. Die Sprachen der australischen, der hyperboreischen und der amerikanischen Rasse. M. 9.—, gebd. M. 10.20.

" II. 2. Abtheilung. Die Sprachen der malayischen und der hochasiatischen (mongolischen) Rasse. M. 8.80, gebd. M. 10.—.

" III. Die Sprachen der lockenhaarigen Rassen. — 1. Abtheilung. Die Sprachen der Nuba- und der Dravida-Rasse. M. 5.—.
gebd. M. 6.20.

" III. 2. Abtheilung. Die Sprachen der mittelländischen Rasse. M. 15.40, gebd. M. 16.60.

" IV. 1. Abtheilung. Nachträge zum Grundriss aus den Jahren 1877—1887. M. 5.60.

—— **Allgemeine Ethnographie.** Zweite umgearbeitete und bedeutend vermehrte Auflage. In Leinwand gebunden M. 12.—.
Elegant in Leinwand gebunden M. 14.—.

Reinisch, Leo, Die Bilin-Sprache. II. Band: Wörterbuch der Bilin-Sprache. Mit Unterstützung der kais. Akademie der Wissenschaften in Wien. M. 20.—.

Schreiber, J., Prêtre de la Congrégation de la Mission dite des Lazaristes fondée par St. Vincent de Paul, **Manuel de la langue tigraï,** parlée au centre et dans le nord de l'Abyssinie. M. 6.—.

Winternitz, Dr. M., आपस्तम्बीय गृह्यसूत्रम्. The Âpastambîya Grihyasûtra with extracts from the commentaries of Haradatta and Sudarśanârya. Under the patronage of the Imp. Academy of Vienna. M. 5.—.

Verlag von Alfred Hölder, k. k. Hof- und Universitäts-Buchhändler,
Wien, I., Rothenthurmstrasse 15.